Die geheimnisvolle Kultur der alten Kelten

AF188224

Der Historiker Georg Grupp (1861 – 1922) war Leiter der der Fürstlich Oettingisch-Wallersteinischen Fideikommiss-Bibliothek in Maihingen. Seiner fruchtbaren schriftstellerischen Tätigkeit entsprangen mehrere zum Teil umfangreiche kulturhistorische Schriften der Kulturgeschichte Deutschlands und Europas.

Der Naturwissenschaftler Dipl.-Math. Klaus-Dieter Sedlacek, Jahrgang 1948, studierte in Stuttgart neben Mathematik und Informatik auch Physik. Nach fünfundzwanzig Jahren Berufspraxis in der eigenen Firma widmet er sich nun seinen privaten Forschungsvorhaben und veröffentlicht die Ergebnisse in allgemein verständlicher Form. Darüber hinaus ist er der Herausgeber mehrerer Buchreihen unter anderem der Reihen 'Wissenschaftliche Bibliothek' und 'Wissen gemeinverständlich'.

Georg Grupp

Die geheimnisvolle
Kultur
der alten Kelten

Von Druiden, Fürstensitzen und der Lebensart
unserer frühgeschichtlichen Vorfahren

Neu überarbeitet und herausgegeben von
Klaus-Dieter Sedlacek

Wissen gemeinverständlich Bd. 12

Bibliografische Information Der Deutschen Bibliothek:
Die Deutsche Bibliothek verzeichnet diese Publikation
in der Deutschen Nationalbibliografie; detaillierte
bibliografische Daten sind im Internet über
http://dnb.ddb.de
abrufbar.

Neubearbeitung:

Herstellung und Verlag: BoD – Books on Demand, Norderstedt.
ISBN: 9783744869423

Inhaltsverzeichnis

Verbreitung keltischer Völker und Sprachen

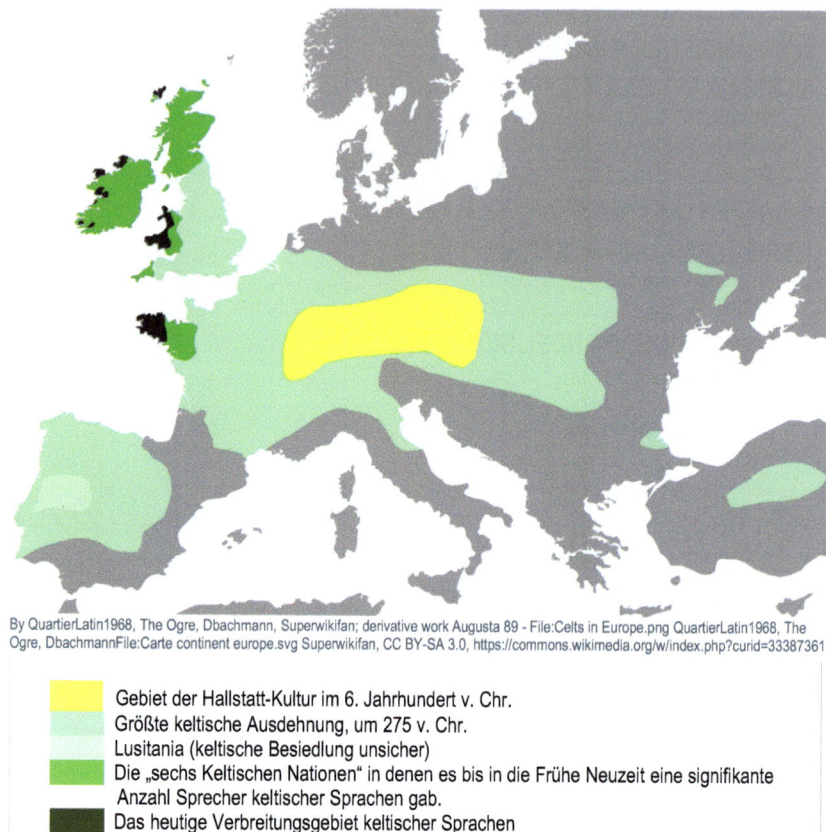

Gebiet der Hallstatt-Kultur im 6. Jahrhundert v. Chr.
Größte keltische Ausdehnung, um 275 v. Chr.
Lusitania (keltische Besiedlung unsicher)
Die „sechs Keltischen Nationen" in denen es bis in die Frühe Neuzeit eine signifikante Anzahl Sprecher keltischer Sprachen gab.
Das heutige Verbreitungsgebiet keltischer Sprachen

Mitteleuropäische Eisenzeit	
Hallstattzeit	
Ha C	800–620 v. Chr.
Ha D1–D3	620–450 v. Chr.
Latènezeit	
LT A	450–380 v. Chr.
LT B	380–250 v. Chr.
LT C	250–150 v. Chr.
LT D	150–15 v. Chr./ 0

1. Der Kelten Volkstum

Aus den indogermanischen Urvölkern lösten sich mit der Zeit Kelten und Germanen ab und traten bedeutsam in der Geschichte auf. In der Vorzeit sind Kelten und Germanen kaum zu unterscheiden, und da die alten Schriftsteller (im Folgenden häufig als „Alter" bezeichnet) die einen wie die andern als lang gewachsen, langköpfig, blond und blauäugig, feurig, aber wenig nachhaltig schildern und ihnen einen gemeinsamen Ursprung zuschreiben, muss ihr Charakter noch unentschieden gewesen sein. Berührten sich auf der einen Seite Germanen und Kelten, so auf der andern Germanen und Slawen. Bei manchen Völkern, so bei Kimbern und Teutonen, bei den Batavern ist man im Zweifel, ob sie dem keltischen oder germanischen Volke angehören. Auf der andern Seite nennt Strabo die Germanen Keltoskythen und will damit wohl andeuten, dass sie in der Mitte zwischen Kelten und Skythen d. h. Turaniern oder Slawen standen. Jedenfalls trat die Verschiedenheit der Völker, die dem Keime nach gewiss vorhandene Verschiedenheit der Anlagen noch wenig hervor; erst die weitere Entwicklung, das Zusammenwirken von Natur und Geschichte gestaltete sie weiter aus.

Die Kultur, die Geschichte bildete manche Völker stark um, sodass sie ihre schlimmen Eigenschaften, manchmal bessere Völker auch ihre guten Anlagen verloren. Als ein Rest der alten Iberer galten allgemein die Basken, eines der edelsten Völker Europas, ein Volk mit hellerer Hautfarbe als die Spanier, das sich vor ihnen durch ihre Kraft, Unternehmungslust und Schönheit auszeichnet; und doch haben sie Ähnlichkeit mit den Mongolen und wenn ihre Sprache nicht wäre, würde man an keinen Zusammenhang denken. Ähnlich bildeten sich die Ungarn und Finnen zu einem europäischen Kulturvolk um, während die den Germanen verwandten Perser und Inder im Asiatentum sich verloren, Griechen und Römer stark orientalischen Typus sich aneigneten und nur die Juden unter allen Himmelsstrichen sich gleichen. Aber gerade bei ihnen wieder zeigt sich die Macht der Geschichte, Sitte und Tradition am glänzendsten, indem sie alle in sie eintretenden Elemente in ihren Bann zwang.

So hat auch erst die Geschichte Kelten, Germanen, Slawen scharf geschieden. Ein unterworfener, vorkeltischer Bestandteil und lange Berührung mit andern Völkern, vor allem mit Iberern, Ligurern, Rätern, im Süden mit Griechen und Römern brachte bei den Kelten einen andern Typus zur Vorherrschaft, sodass in der Sage nur noch die Vornehmen als blond, goldhaarig erscheinen. Irische Könige heißen Weißköpfe. Lockiges goldgelbes, langes Haar fließt über die Schulter des edlen Jünglings, ein blaues, kristallklares Auge sitzt im Kopfe; weiß wie der Schnee ist Hals und Haut. Cäsar unterscheidet deutlich Germanen und Gallier.

Ihren Hauptsitz hatten sie lange in den Donaugegenden. In Süddeutschland erinnern unzählige Fluss- und Bergnamen an sie, während im Nordosten die Namen rein germanisch klingen. Von dort aus dehnten sie sich nach Westen, Norden, Süden und Osten aus, verdrängten Ligurer, Räter, Thraker, kamen nach Spanien, Italien und Griechenland und übten vom sechsten bis dritten Jahrhundert eine gewisse Vorherrschaft aus. Noch ein späterer Schriftsteller nennt sie die Besieger des Ostens und Westens. Die sie zunächst bedrängenden Alpenkelten nannten die Römer Gallier, während die Griechen den Namen Kelten beibehielten. Als aber die Germanen erwachten und sie westwärts drängten, wählten sie Belgien, das sich weiter erstreckte als heute, zum Hauptsitz. Wie die Germanen in Nord- und Südgermanen, zerfielen auch die Kelten in zwei große Stämme; der eine große Zweig der kymrische, kimmerische hat sich über Frankreich bis Spanien, über Süddeutschland bis Italien verbreitet, der andere der gälische, goidelische Zweig über Irland, Schottland, England. Das Kymrisch (Britannisch) hat sich erhalten in Wales und in der Bretagne, das Gälische in Hochschottland und Irland. Eine gälische Eroberung, wohl von Belgien ausgehend, drängte das Kymrische zurück. England übte eine eigentümliche Anziehungskraft auf die Völker aus und lockte wie jetzt keltische, so später nordgermanische Eroberer an. Ein Fürst wie Divitiacus vereinigte einmal unter seiner Hand einen Teil Galliens, Belgiens und Britanniens zu einem Reich. Von Britannien aus besiedelten zur Zeit der Völkerwanderung wieder Kelten die gegenüberliegende Bretagne.

2. Anfänge der Eisenkultur

Vom Orient, von wo die Bronze ausging, kam auch die Kunde des Eisens, und zwar zuerst nach Griechenland und Italien. Eine uralte Eisenkultur ist im Ural mit seinen Erzbergen zu suchen; von dort bezogen die Griechen ihren Stahl, Chalybs genannt nach dem Volk der Chalyber. Aischylos nennt die Heimat der Chalyber und Tibarener das Mutterland des Eisens und nach Herodot beteten die Skythen ein altes eisernes Schwert als ihren Gott an. Bei Finnen, Türken und Mongolen tritt in ihren Sagen das Eisen bedeutend hervor, das Paradies ist von eisenreichen Bergen umschlossen, und das Fest der Eisenentdeckung feiern heute noch die Mongolen. Als die Erfinder des Eisen- und Bronzegusses dürften also die Turanier gelten, denen es auch gelang, die Rosse zu bändigen.

Schwert der Bronzezeit. Das erste Eisen wird nur sparsam für Griffeinlagen oder Nieten im Messergriff verwendet. (Württ. Landesmuseum). Foto: privat

Nach weitverbreiteter Anschauung trieben entweder Riesen, Kyklopen oder kleine, kluge Leute, Pygmäen, Gnomen, die Schmiedekunst, deren ganze Art auf ein anderes Volk, auf Unterworfene, Unfreie hinweist. Doch stand die Schmiedekunst als ältestes Sonderhandwerk im hohen Ansehen. Metallkunst machte frei, wie das keltische Recht beweist, und die ältesten Bezeichnungen für das Handwerk lassen auf kluge verständige Leute schließen. Sogar Vornehme entehrte es nicht, selbst Waffen zu schmieden; die nordischen Jarle, ein Sigurd u. a. stellten sich selbst an den Amboss und schwangen den Hammer.

Lange stand das Eisen, dem man zuerst den gleichen Namen Erz gab wie dem Kupfer, höher im Werte als die Bronze und mit Stolz legten sich die Männer den Namen eisern bei. Noch in späterer Zeit schätzten, wie Dio berichtet, die Briten Eisen so hoch wie Gold. Daher wurde es auch für Schmuck und Zier verwendet. Zunächst diente es zur Verstärkung der Waffen und diese erhielten jetzt kräftige Formen. Neben das schilfblattförmige Schwert tritt das gerade Langschwert und neben das zweischneidige

9

Schwert ein einschneidiges, ein Hiebmesser mit Rinnen. Ebenso verstärkt sich Celt[1] und Beil, und den Wurfcelt verdrängen kräftige Sperre. Im Übrigen bergen die Gräber mehr Schmucksachen, und zwar meist aus Bronze, als Waffen und Werkzeuge; besonders zahlreich sind Fibeln, die die Stelle der Knöpfe vertraten.

Die Symbolik wird viel reicher und zieht die verschiedensten Tierformen bei, nicht nur Vögel, die Sinnbilder der Geister und Götter, sondern auch Rind und Pferd, die Lieblingstiere der Götter und Menschen seit der sich ausdehnenden Viehzucht. Die nicht selten sich findenden Mondhörner stellen die Verbindung zwischen einer Mondgöttin und einem Stier dar; auch Vogel und Rind, Vogel und Rad verbindet sich zu einem bedeutsamen Paar. Wagendeichsel und Wagengestell zieren Vögel und Stierköpfe, Pferdeköpfe. Neben den Deichselwagen treten vierrädrige Kessel- und Plattenwagen, die auf den Gestellen runde oder flache Aufsätze tragen.

Der auf dem Langbaum sitzende Korb erscheint in den noch erhaltenen Bauernwägelchen als Vogel, Drache, als heiliger Kessel, Amphora; oder bei Plattenwagen ist die Fläche besetzt mit Tier- und Göttergestalten.

Neben vollständigen nackten Männer- und Frauengestalten wurden menschliche Formen, sei es das Gesicht, sei es die ganze Gestalt an Gefäßen, Urnen ausgebildet, ebenso das Haus an den bekannten Hausurnen und Tiere an Vogelgefäßen und andern plastischen Bildungen. Die Griechen entwickelten die Vasen zum Abbild der menschlichen Gestalt, indem sie Hals, Bauch, Fuß scharf unterschieden.

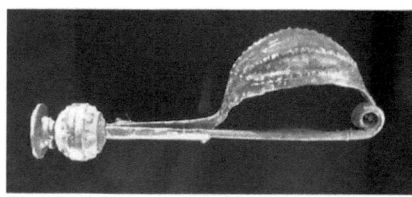

Fibel der Hallstattzeit. (7./6. Jh. v. Chr.). Württ. Landesmuseum. Foto: privat

Ihren Hauptsitz hatte die neue Kultur, die Hallstattkultur, wie man sie nennt, in den Alpen und in den Vorländern, durchflossen von der Donau, und seine Träger waren vielleicht die Fibel mit geknicktem Bogen, Räter, Noriker, Illyrier, Veneter, die sich mit den Griechen nahe berührten. Auf gallischem Boden entsprach ihr die Larnaud- und Marnekultur mit ihren kräftigen Waffen und Werkzeugen.

Während in der Hallstattzeit die Arbeiten noch in Anlehnung an den Bronzestil flache und dünne Form zeigen und aus Gravierungen und geometrischen Figuren bestehen, entwickelten die Kelten unter dem anregenden Einfluss griechischer Kunsterzeugnisse einen kräftigen Eisenstil, der in der Latènezeit zur vollen Entfaltung kam, und den besonders Schildbuckel,

---

[1] Ein prähistorisches Stein- oder Metallgerät mit einer abgeschrägten Schneide, vermutlich als Werkzeug oder Waffe verwendet.

Ringbuckel, napfförmige Münzen, sogenannte Regenbogenschüsselchen, Armbrustfibeln, kennzeichnen. Ganz neu sind Halsringe aus Bronze, Paukenfibeln, Tierkopffibeln und Scheren, Sicheln (Sägesicheln), Trensen, Pflugscharen. Zu Schwertern, Pfeilen, Lanzenspitzen verwandte man nur Eisen, der Dolch kam ab. Die Bronzegefäße entbehren der reichen Verzierung der Hallstattzeit und wo Verzierungen auftreten, schließen sie sich der Form der Geräte an.

Hallstattfibel (7./6. Jh. v. Chr.), Württ. Landesmuseum. Foto: privat

3. Lebensart der Kelten

Häuser

Wie alle Jäger und Hirtenvölker wohnten die Kelten ursprünglich in Erdhöhlen, Kellern, in Holz- und Steinhütten, in Pfahlbauten und wandelten mit Zeltwagen, Karrenhäusern. Die Hütten teils rund, teils viereckig, die ein Grieche mit dem Fassbau, dem Tholos vergleicht, bestanden aus Holzstämmen, Pfählen, Weidengeflechten, Brettern, mit Lehm gefügt und mit Stroh oder Rohr bedeckt, dann auch aus Ton und Stein. Holzschlösser bewohnten noch später die Helden und Häuptlinge, wie Bricriu, dessen Haus ein mächtiger Held in die Höhe hob, sodass jener selbst und seine Frau in den Kot fielen mitten unter die Hunde des Hofes.

Das Hauptgebäude vom Keltendorf Sünna.
By Metilsteiner - Own work, CC BY-SA 3.0, https://commons.wikimedia.org/w/index.php?curid=28854394

Solange Viehzucht vorherrschte, genügten die Hütten, so selbst noch zur Zeit Cäsars, nur dass Rückzugsburgen, und zwar Burgen in runder Form ihnen zur Not Aufnahme gewährten. Noch im Mittelalter bezogen in Wales die Hirten im Sommer Berghütten und im Winter weite, wohlgeschützte Hallen. Die Burghäuser mussten der Gäste wegen größere Räume umschließen und sie dehnten sich, wie es scheint, in der Regel seitwärts flügelartig aus. So wie das Herrenhaus der Sage uns entgegentritt, glich es dem oberdeutschen Haus: In der Mitte der Langseite öffnete sich die Tür auf die

Herdstatt und rechts und links davon erstreckten sich die Lagerräume. Noch stärker aber überwog das Tiefhaus, Schiffhaus, dem sächsischen Bauernhaus vergleichbar, das uns noch weiter beschäftigen soll. Hier wohnten ganze Geschlechter zusammen; eine den Kelten höchstens noch mit den Trojanern gemeinsame Sitte.

Innerhalb ihrer rauchgeschwärzten Hütten dienten Tierfelle, Hund- oder Wolfhäute oder Bündel von Heu, Stroh, Geflecht oder Wolle zum Lager. Noch im tiefen Mittelalter lagerten sich die Kelten von Wales auf Binsen und Stroh und bedeckten sich mit einem Mantel; selbst Könige hatten kein Bett, doch kannten wenigstens die Gallier Bänke und Bettgestelle mit Polstern und Teppichen und stammen die Wollpolster und wahrscheinlich auch die Federpolster von ihnen. Auch als die Kelten wie andere Völker sich Tische und Bänke schufen, erhoben sich diese nicht weit über die Erde — hat man doch schon vermutet, dass Tisch und Schüssel zusammenfiel — und erreichten nur bei Reicheren eine ansehnlichere Gestalt. Als eine volkstümlich keltische Sitte erschien auch zur Zeit des hl. Martin der Gebrauch von Dreifüßen zum Sitzen. Ihre Tische, Bänke, Truhen füllten Reiche mit bronzenen, silbernen und goldenen Gefäßen, bedeckten sie mit kostbaren Decken und Teppichen mit Purpursaum. Winkelhaken und Wandbretter nahmen Waffen, Geräte und Spielzeug auf. Kessel, Mantel und Harfe kennzeichnet in Wales den Edelmann, Trog, Bohrer und Quersack den Hörigen, wozu wir Korbgeräte hinzufügen können. Den Kessel, vermutlich den Bierkessel bekam bei Scheidungen die Frau.

Kleider

Wie die Römer zogen die Kelten auf den bloßen Leib ein Unterkleid an, das aus Leinen gewoben sich deutlich von der Wolltunika der Römer unterschied und mehr unserem Hemd glich; auf der Seite geschlitzt, hatte es Ärmel und reichte nicht bis an die Füße, sondern nur bis über die Hälfte des Körpers. Die Füße deckten Hosen, Beinbinden, Bracken, eine den Römern fremde, den Kelten und Germanen gemeinsame Tracht, die vielleicht durch die Skythen von den Persern herüberkam; denn an den Persern fielen schon den Griechen die Hosen auf. Aber die Hosen der Perser waren enganschließend, meist ledern, die nordischen Hosen im Allgemeinen schlaff, bauschig, sackartig, weshalb ein römischer Dichter die Haut einer alten Frau vergleichen konnte mit den faltigen Hosen eines armen Briten. Oft lagen sie aber eng an und reichten, wie es scheint, als eine Art Schenkelbinden nicht weit über den Schenkel hinauf oder hinab, schlossen sich oben ans Hemd, unten an eine Fußbedeckung an. Für den Fuß genügten in der Regel Sandalen und eine Art Pantoffel, die die Römer als etwas Neues die gallischen hießen; daher kommt die Bezeichnung Galoschen. Hemd und Hosen bestanden meist aus Leinwand, der die nordischen Völker viel mehr ergeben waren, als die

13

südlichen, während zu Rock und Mantel wohl die Wolle einen glatten oder haarigen Stoff lieferte.

Röcke und Mäntel verschiedener Form zu erfinden, gefiel sich die Fantasie der Kelten. So begegnen uns neben der rockartigen Bigerra, dem Sagum und der dicken Läna, einem an der Schulter gehefteten breiten viereckigen Tuch, verschiedene Mäntel, der Reno, der vorn geheftet nur den Rücken und die Schultern bedeckte, die Kukulle mit Kapuze, die über den Kopf ging, wie die Hosen manchmal über den Fuß, der Pelzmantel, die Mastruca. Die Hallstattsitulen[2] zeigen die mannigfachsten, auffallendsten Trachten, die uns viel moderner anmuten, als die römischen Kleider. Das Raue, Umschließende, Grellfarbige dieser Kleider gefiel sogar den Römern so, dass sie sich selbst damit kleideten.

Die keltische Vorliebe für das Bunt- und Grellfarbige, das Malerische können wir nicht nur an Kleidern, sondern auch an Tonarbeiten beobachten. Am meisten liebten die Kelten das Rot, wie alle Indoeuropäer, auch die Germanen und Römer, bei denen die Vornehmen ihre Mäntel mit Rot schmückten.

Gekerbter Armring mit Knoten (Hallstatt). Württ. Landesmuseum. Foto: privat

Nur die Veneter, ein eigenartiger Volksstamm, scheinen Blau bevorzugt zu haben. Ihre Kleider noch mehr herauszuheben, versahen sie sie mit den buntesten Mustern, mit Streifen, Bändern, Rauten, Würfeln, Mäandern, Verschlingungen, verzierten sie mit Gold-, Seide- und Purpurfäden, mit Zeichnungen, die uns an ihren Tongefäßen begegnen und die wohl auch ihr Haus zierten. In den buntesten Trachten gefielen sich namentlich die Vornehmen: Gelbe Kleider mit grüner oder roter Seide, rote Kleider mit gelber Seide gestickt, weiße Mäntel mit schwarzem Rand, grüne Mäntel mit Goldagraffe an der rechten Schulter festgehalten, verschiedenfarbige Socken deckten die Helden an Arturs Hof.

---

[2] **Situla** (lat. „Eimer") ist ein metallener Gefäßtyp der Bronze- und frühen Eisenzeit im etruskisch-italischen Gebiet sowie in der Hallstattkultur. Nicht selten ist sie mit einem getriebenen figuralen Relief verziert. Die Situlenkunst ist stiltypisch für diese Kulturen und eine der wichtigsten Quellen mit zeitgenössischen Abbildungen.

Tracht der Kelten in Südpolen 250 v. Chr.

Wo es nur ging, hängten sie Goldschmuck an; unerlässlich schien ihnen ein Halsring, der Torques; um ihr Handgelenk, um Arme und Füße wanden sich kostbare Spangen, Viriä, aus Silber und Gold; an ihrem Mittelfinger glänzte ein Goldring; da ihnen aber ein Ring nicht genügte, ließen sie den Mittelfinger frei und belasteten alle übrigen Finger. An ihrer Stirn blitzten Mondhörner; um ihre Hüften liefen silberne und goldene Gürtel und ihre Brust deckten goldene Harnische, und goldene Waffen, trugen sie. Ihre mannshohen Schilde bemalten und zierten sie wie ihre Helme mit Tiergestalten in erhabener Arbeit, mit Hörnern, Vogelköpfen, Fischen.

Gürtel (Hallstatt) 7./6. Jh. v. Chr.; Württ. Landesmuseum; Foto: privat

Je weiter nach Norden, desto lieber kämpften sie nackt, nur mit einem Schild versehen, mit Spangen an ihren Armen und Füßen, Kränzen auf dem Haupt, die Briten mit Eisenringen um Hals und Hüften. Ihren Körper haben Briten wie Pikten grün, blau, rot angestrichen oder mit allerlei Figuren namentlich Tiergestalten bemalt, um fürchterlicher auszusehen. Die Nacktheit stach besonders ins Auge, wenn die Kelten, wie es einmal in einer punischen Schlacht geschah, neben Iberern kämpften, deren lange Linnenröcke ein Purpursaum zierte. Bei den Briten stellten auch die Frauen bei religiösen Festen ihre bemalten Leiber zur Schau. Die Tätowierung hatte bei einfachen Völkern eine höhere Bedeutung, die Bedeutung eines heraldischen Zeichens, Erkennungszeichen. Deshalb tragen noch heute im Norden Seefahrer auf ihrer Haut eingemalte Zeichen.

Wie an den Kleidern liebten sie an den Haaren Rot und suchten die Farbe, die ihnen der Rötel lieferte, noch durch künstliche Mittel, durch Salbung mit Kalkwasser zu erhöhen. Die Frauen, in Toilettekünsten geübt, wuschen ihr Gesicht mit Bier oder Bierschaum, schminkten sich mit Kreide und Kalk, legten auf ihre Wangen Zinnober, auf ihre Brauen Ruß, strichen ihre Wangen rot, seltener blau an und putzten eifrig ihre Zähne. Zu salben, schminken, färben, bereitete den Frauen und Männern eine Lust. Wie sie es überhaupt liebten, verschiedene Stoffe und Formen zu verbinden, so mischten sie Salben und Wohlgerüche, erfanden eine Seife aus Asche und Talg, auf die wohl ein römischer Dichter anspielt, wenn er Mattiakische Kugeln und Chattischen Schaum erwähnt. Die Seife Sapo brauchten sie zum Putzen und Waschen; sie verschmähten selbst die wüstesten Stoffe nicht, wenn sie nur glaubten, ihre Schönheit zu erhöhen.

Ihre Haare ließen sie lang wachsen, borstig emporragen (*reburri*) oder frei wallen wie Rossmähnen und flochten sie gerne zu einem Schopf über ihrem Haupt, während andere es kurz schnitten. Sie glichen den Furien, den

Armring Bronze. 1500-1400 v. Chr.; Württ. Landesmuseum. Foto: privat

Satyrn und Pans nach der Ansicht der Alten. Sie haben eher ihren Kopf mit Haaren, als ihre Blöße verhüllt, meint ein späterer Mönch; unter ihren zusammengewachsenen Brauen rollten sie ihre Augen fürchterlich. Einen kurzen oder langen Schnauzbart hielt ein wackerer Mann für unentbehrlich: Der eine ließ ihn zum Backenbart erweitern, andere schoren ihn und ließen nur einen Knebelbart herabhängen. Wegen ihrer Bärte, meint ein Alter, konnten sie kaum essen und trinken und der Trank floss ihnen durch das Haar wie durch ein Sieb. Ihren Kopf trugen sie meist bloß wie ihre Füße gleich den meisten alten Völkern; doch kannten sie auch schon Kapuzen und Hüte, darunter die Tocca. Breitkrempige Hüte, eine Art Jesuitenhüte begegnen uns neben Zipfellappen, Phrygiermützen und Tellermützen auf den Hallstattsitulen.

Speisen

Wie man es von einem Hirtenvolk erwarten kann, bestand ihre Speise hauptsächlich aus Viehprodukten: Fleisch, Milch, Butter. Unmittelbar am Herd, am Rost und Kessel verzehrten sie große Fleischstücke, mit ihren scharfen Zähnen alles zermalmend. Gleich den Löwen, sagt ein Alter, heben sie ganze Gliedmaßen mit beiden Händen empor und beißen davon ab; wenn aber ein Stück schwer abzubeißen ist, so schneiden sie es mit einem kleinen Messer ab, das in einem besonderen Behälter in einer Scheide dabei liegt'. Während die Indogermanen Fleisch nur brieten und auch lange des Salzzusatzes entbehrten, verstanden es die Kelten — vielleicht die Erfinder des Salzbergbaues — es auch zu kochen, und verwandten zur Bereitung von Fleisch und Fischen außer Salz verschiedene Zusätze, Butter und Fett, Essig und Kümmel. Vermittelst Salzens, Einpökelns und Räucherns gelang es ihnen, den Fleischüberfluss zu meistern, er sich zur Schlachtzeit im Herbst ansammelte. Solche Fortschritte machten sie darin, dass die Römer sich von ihnen Pökelfleisch und Selchwaren liefern ließen.

Das lateinische Wort *halec, allec,* eine Fischlake, das später Hering bedeutet, weist auf die Kelten hin. Da viele Fischarten der Römer keltische Namen tragen, müssen sie sogar in dieser Richtung von ihnen gelernt haben; ich erinnere an die Forelle, den Salm u. a. Abwechslung brachte Käsequark und Butter, Brei und Brot, Letzteres noch ungesäuert. Aber den Kelten gelang es als Erfindern des Bieres zugleich, die Bierhefe zu entdecken und dadurch das Brot schmackhafter zu gestalten, weshalb das Wort Brot in seiner Wurzel zusammenhängt mit Brauen, Bier, Bärme (= Hefe). Ihr Mehl reinigten sie durch das von ihnen erfundene Haarsieb. Selbst den Römern

17

mundete ihr Brot besser als ihr eigenes, wie sie auch am Rhein die Vermischung des Mehles mit Butter kennenlernten.

Je weiter nach Süden, desto schwächer war die Fleischnahrung, desto mehr überwog die Pflanzennahrung. Gleich den italischen lebten auch die spanischen Kelten unter einfachen Verhältnissen fast nur von Brot, Lauch, Erbsen, Bohnen, Rüben. Ohne Bohnen kochen die Po-Kelten nichts, sagt Plinius. Im Norden verschmähten sie so schwache Kost, und ein Grieche sagt allgemein, die Kelten genießen wenig Brot; doch fiel es auch hier den Alten auf, dass die Briten Hasen, Hühner, Gänse nur des Vergnügens willen züchteten und es für unerlaubt hielten, sie zu genießen; ebenso verschmähten sie die Fische, die übrigens vielen Völkern unheimlich sind; endlich heben die Alten es als seltsam hervor, dass sie aus ihrer vielen Milch, keine Käse, richtig verstanden keinen feinen Käse bereiteten, wie es die Südländer verstanden.

Was am meisten auffiel, war, dass die Kelten namentlich die britischen, alle Gerichte zugleich zusammen in Schüsseln und Körben, im Nordischen sagte man in Trögen, auftrugen, und dass alle aus derselben Schüssel aßen und aus dem gleichen Horn tranken, das Knaben oder Mädchen im Kreise herumtrugen, und es niemand störte, wenn sich ihre langen Barthaare in Speise und Trank verflochten. Korb und Horn verlangte der Vater einer Braut zur Hochzeitsgabe. Ohne dass der Becher kreiste, konnte man sich kein Mahl vorstellen; „das Messer im Fleisch, das Getränke im Horn" bedeutete so viel wie Mahl.

Als Getränke genossen die Kelten gleich anderen Indogermanen Milch und Met, strebten aber als erfindungsreiche Männer weit darüber hinaus und mischten alle möglichen Stoffe, gelangten so nicht nur zum Gersten-, sondern auch zu einer Art Bohnensaft. Wenn sie auch den Gerstensaft nicht erfanden, so haben sie ihn wenigstens verbessert und verbreitet — welches bierliebende Herz sollte ihnen nicht entgegenschlagen! Wohl kannten auch andere Völker den Gerstensaft, die Ägypter, Pannonier, aber wie schlecht mag dieser Trank gemundet haben, da Hopfen und Malz unbekannt war und in dem Saft die Gerstenkörner herumschwammen, sodass man ihn nur vermittelst Röhren trinken konnte. Daher fügte man dem Trank wohl Honig bei, sodass er ein Mittelding zwischen Met und Bier darstellt, oder bittere Kräuter, Schafgarbe, Eichenrinde, Fichtensprossen. Nun erfanden die Kelten das Malz, wie ihr Wort *brace* beweist, das als *bracium* ins Mittellatein überging, wovon französisch *braccer*, brauen abgeleitet ist. Doch blieb es immer noch süßlich oder bitter, da der Hopfen erst zu Beginn des Mittelalters sich verbreitete, und daher mag es kommen, dass in manchen Sprachen dasselbe Wort Bitter, Alaun, Bier, Ale bedeutet. Obwohl die Römer auch Bier zu trinken sich gewöhnten, spotteten sie doch gelegentlich darüber. Es sei ein übel riechender Saft; hören wir, gebraut aus der im Wasser verfaul-

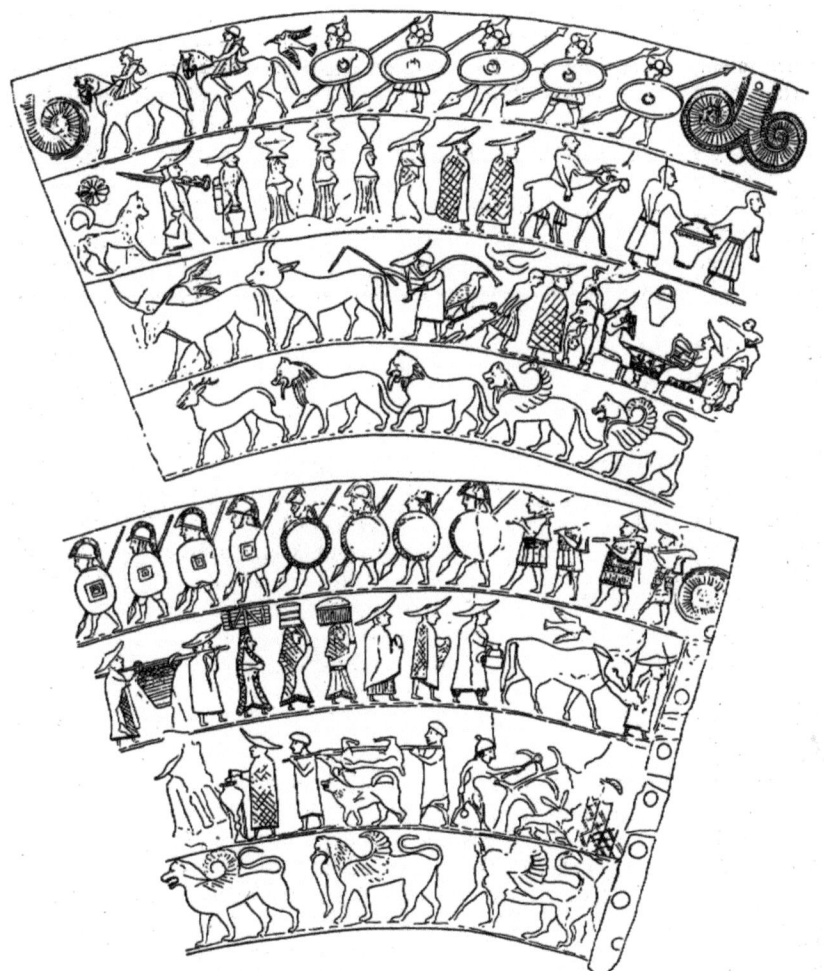

Zeitgenössische Abbildungen auf dem Bronzeeimer von der Certosa bei Bologna. Im obersten Streifen, der im unteren Bild weitergeht, bewegt sich ein Kriegerzug, zuerst zwei Berittene mit Topfhelmen und geschulterten Palstäben, darauf fünf Fußgänger mit ovalen Schilden und Kegelhelmen auf dem Haupt, dann acht Krieger mit runden Schilden und Helmen, über die, wie bei den griechischen, ein Raupenkamm läuft, endlich vier Soldaten in gemusterten Leibröcken, Palstäbe schulternd.In der zweiten Reihe schreiten vierzehn Männer in langen Gewändern mit breitkrempigen Hüten, dazwischen zweimal drei Frauen Opfergeräte und Opferladen auf dem Haupt tragend, zu einer Opferfeier. Die Männer tragen zum Teil Gefäße, einer ein Opferschwert und führen ein Rind und einen Widder zum Schlachten. Den Schluss bildet ein Hund. Auf der dritten Zone treibt ein Bauer die Ochsen zum Pflügen aus und trägt auf der Schulter einen Hackpflug: rechts stellt ein Bauer einem Hasen mit einer Art Schleuder nach, andere tragen getötetes Wild auf Stangen heim, daneben läuft ein Hund. In der Mitte ist ein fröhliches Mahl mit Mimikern und Spielleuten. In der untersten Reihe folgen auf ein Reh reißende Tiere, geflügelte Löwen.

19

Zeitgenössische Abbildungen auf dem Bronzeeimer von Watsch in Tirol. Oben werden zwei Pferde von zwei Knechten geführt, es folgen zwei Reiter auf ungesattelten Rossen, dann zwei zweirädrige Wagen, je mit einem Rosse bespannt, vorn sitzt jedes mal ein Wagenlenker und hinten steht auf dem einen der Mann, auf dem andern die zugehörige Frau, erkenntlich durch ihren Busen. Der vordere Wagen ist ein leicht gebauter Streitwagen, der Hintere eine Art Plattenwagen. In der zweiten Reihe schmausen die Männer bedient von Frauen und Knechten. Vorn besorgen zwei Männer die Mischung des Trankes und einer kostet die Flüssigkeit. Einer der Sitzenden bläst die Syrinx, dann folgt ein Faustkampf, ähnlich dem der Situla von Arnoaldi. Warum die zwei folgenden Männer zusammengebunden sind, ähnlich wie die obigen Pferdelenker, entzieht sich unserer Kenntnis. Endlich folgen verschiedene Tiere, eines davon hält im Rachen einen Menschenschenkel und wird dadurch als reißendes Tier charakterisiert; die anderen kennzeichnen Blätter im Mund als Pflanzenfresser.

ten Gerste. Julian schalt das Bier Bockwein. Während der Wein, sagt er, nach Nektar duftet, riecht das Bier nach dem Bock; die Kelten, denen die Rebe versagt, brauen es aus dem Halm, Scheuer- nicht Feuersohn, Erdkind, nicht Kind des Himmels, nur für das Füttern gemacht, nicht für den lieblichen Trank. Trotzdem berauschte sich Hoch und Nieder daran und mit Begierde ergriffen die Germanen das neue Getränk — ob sie es unmittelbar von den Kelten oder durch römische Vermittlung kennenlernten, steht nicht fest — und erwählten es zu ihrem Lieblingssaft. Als die Kelten Wein kennenlernten, tranken sie ihn ungemischt wie Bier hinein. Wein ist besser als Bier, Met und Most, sangen noch später die Bretonen zum Schwertertanz. Wein bezogen die Reichen schon früh von Italien und Marseille, aber das niedere Volk blieb dem nationalen Trunk treu. Ihre Trunksucht, die nach den Worten einer Alten ihre zarten Leiber auftrieb und verweichlichte, trug viel dazu bei, dass die Römer sie überwanden.

4. Waffen und Kampfart der Kelten

Wie die Germanen ragten die Kelten durch Kriegstüchtigkeit hervor, worauf schon ihr Name Kelten, Gallier hinweist, Worte, die beide Krieger, Feinde bedeuten. Sie haben lange den Römern Schrecken eingeflößt und sie nahezu vernichtet. Als Jäger und Hirten handhaben sie mit besonderer Vorliebe und Kunst Schleudern, Bogen und Pfeile, auch vergiftete, Hämmer und Äxte und verschiedene Arten von Wurfspießen, lange und kurze, breite und schmale, manche mehr dem Pfeil, andere dem Schwert gleich. Beil und Celt fügten sie waagrecht und senkrecht an einen Stiel zu Streitäxten, Schwertstäben, Palstäben, die wohl in der von den Römern oft erwähnten Mataris, vielleicht auch in der germanischen Frame vorliegen, schufen sich verschiedene Wurfspieße mit und ohne Widerhaken, scheibenförmige und gezackte, eine Art Dreizack und Fünfzack, einfache Lanzen und Speere (Spare) — beides sind keltische Worte — endlich die seltsamen Saunien, Gäsen, Gaisen. Zum Werfen der Spieße, namentlich des Tragulum, benützten sie Schleudern, Schlingen, Lazos, das *amentum*; aber auch ohne diese Mittel verstand ein geschickter Krieger den Speer, die Cateia so zu werfen, dass sie in die Hand des Schützen zurückprallte. Weniger Gewicht legten sie auf den Schwertkampf, ausgenommen die Keltiberer, von denen die Römer das uralte zweischneidige Kurzschwert entlehnten.

Gürtelblech von Watsch. Kampf zweier Reiter, von denen jeden ein Schildträger begleitet. Die Kämpfer tragen einen kurzen Leibrock, als Waffen teils Wurfspieße, teils Palstäbe und zum Schutz des Hauptes Topfhelme und Raupen- oder Federbuschhelme mit langen Quasten. Der eine der Reiter entbehrt des Helmes, sein Haar wallt lange herab. Zwei Wurfspieße sind schon abgeschossen und fliegen in der Luft. An den Palstäben erscheinen die Celte beilartig befestigt, was gegen einen hauenartigen Gebrauch spricht. Die Figur rechts mit dem zweigehörnten Hut und dem langen Rock scheint nur zur Raumausfüllung hinzugefügt zu sein.

Im Allgemeinen behielten die Kelten wie die Germanen das Langschwert bei, Schwerter ohne Spitzen, Spaten aus Bronze oder Eisen oder vorn aus Eisen, rückwärts aus Bronze gebildet, vielfach künstlerisch gestaltet und verziert. Damit hieben sie gleich Holzhauern ein, sodass sie oft mitten im Kampf sich abstumpften und bogen, dass man sie mit dem Fuß wie-

Die Form des Schildes mit der spindelförmigen Mittelrippe gilt als typisch keltisch. Jedoch lässt die anatomisch exakte Wiedergabe einer afrikanischen Gazellenart auf einen hellenistischen Ursprung schließen. Auch das Material Bronze ist ungewöhnlich. Üblich waren Schilde aus Holz. 3./2. Jh. v. Chr.; Württ. Landesmuseum. Foto: privat

der gerade treten musste, weshalb manche zwei Schwerter in die Schlacht nahmen. Wenn der Feind es verstand, wie der Römer Manlius, im Zweikampf dem langen Schwert geschickt auszuweichen, so bot sich ihm wohl die wehrlose Brust: So traf Manlius mit seinem Kurzschwert seinen übermütigen Gegner tötlich, beraubte ihn seiner Halskette, legte sie sich an und hieß fortan Torquatus. Indessen lernbegierig und empfänglich für Fortschritte, wie sie waren, verbesserten sie bald ihre Schwerter, und sie und die Germanen leisteten so Gutes damit, dass selbst die Römer es sich aneigneten. Wiederholt sich doch auch sonst die Erscheinung, dass fortgeschrittene Völker sich die Waffen niederstehender aneignen, weil die Kampflage auf ähnliche Waffen hindrängt. So vertauschten im Mittelalter manchmal die Völker ihre Schwerter und Speere gegen Streitäxte und Pfeile und sanken damit auf frühere Stufen zurück. In einer irischen Schlachtschilderung heißt es: Da bohrten sich Pfeile, stark und festgefügt, in die Leiber vornehmer Scharen. Da versäten sie Speere, harte Todesboten, in die Körper adeliger Männer. Da waren Schwerter mit goldenen Heften und eingelegten Schneiden ihrer glatten kunstvollen Scheiden entblößt.

In ihrer Tollkühnheit verschmähten die Kelten ursprünglich wie die Germanen Schutzwaffen, nur dass sie sich hinter einen hohen eckigen Holzschild deckten. Sonst fochten sie, wie gesagt, wohl völlig nackt, und das hat, wie Polybius meint, zu ihrer Niederlage beigetragen. Wenn die roten Wunden auf ihren weißen Körpern recht leuchteten, entflammte das ihre Wut noch mehr. Noch im tiefen Mittelalter traten die Iren den normannischen Rittern, die von Eisen starrten, beinahe nackt entgegen, wussten aber ihre Streitäxte und Speere doch gewandt zu handhaben. Sie trugen, berichtet ein Schriftsteller, immer ein Beil bei sich und verübten überall Unfug.

Freilich haben die meisten Kelten auch hierin bald Fortschritte gemacht; sie schufen sich Schutzwaffen, die nicht nur nützlich, sondern auch schön und zierlich waren, deckten ihre Brust mit Lederbrünnen und mit Harnischen — das Wort Harnisch, Brünne, stammt von den Kelten — mit Bronze- und Eisenharnischen, ja mit goldenen Panzern — sollen sie doch gar

Kettenpanzer erfunden haben — endlich ihr Haupt mit kunstvollen Helmen. Wie die eingefügten Bilder zeigen, hatten ihre Helme und Schilde die verschiedensten Formen. Ihre großen Holzschilde nannten die Griechen Türen, Thyreoi.

So geschmückt, außer den reichlichen Waffen fast kleiderlos, traten die keltischen Helden gerne zum Einzelkampf vor, wie die Römer erzählten. Auf Streitwagen oder zu Pferde sprengten sie in die Schlacht und liebten es hier verschiedene Waffengattungen zu mischen, Bogenschützen, Reiter, Schlachtwagen unter das Fußvolk zu stellen, ihre Hunde mitzunehmen oder Reiter mit Fußvolk als Parabaten zu umkleiden. Zu Ross leisteten sie mehr als zu Fuß, sagt ein Alter. Gewandter als irgend ein Volk führten sie ihre Streitwagen ins Feld, schoben sie zwischen die Lücken der Fußkämpfer und zogen sie zurück, die Kämpfer sprangen über die Deichsel auf das Joch, fochten dort stehend und verschwanden plötzlich wieder. Ähnlich wie wir es sonst nur noch im Orient hören, versahen sie die Schlachtwagen mit Haken, Spitzen, Schneiden, Sicheln, und obwohl dieser

Panzer und Helm (Hallstatt). Der Panzer ähnelt einem griechischen Muskelpanzer, aber er ist streng stilisiert, hat nicht das schmiegsam Körperliche, sondern deutet nur in Ornamentlinien die Hauptsache der Muskulatur an. Die Brustwarzen sind aufgesetzte Rosetten. Der Panzer besteht aus einem Brust und einem Rückenstück, die vermittelst Randlöcher durch ein Schürband, wie bei einem Korsett, zusammengebunden werden. Die Helme sind meist aus Italien importiert, mehrere haben sogar die hohe sog. etruskische Form mit der schmalen, etwas aufgebogenen Krempe. Das Foto bildet das ursprünglich im Berliner Museum ausgestellten Stück ab.

Gebrauch nicht allgemein und lange bestanden haben muss, erzählt noch die spätere irische Sage von einem Streitwagen, dessen Korb und Achsen Spitzen und Schneiden trugen. Rot, heißt es hier, glänzte der Wagen des Helden, rot sein Wagenkissen, denn mit seinem Gespanne sauste er über die Wunden gefallener Feinde dahin. Den vornehmen Reiter unterstützte sein

Schild- und Speerträger zu Ross; man hieß das Trimarkisia, Dreipferdschaft (von Mark, March, Mähre für Pferd).

Gleich den Germanen stellten sie sich gerne in Keilform oder in Eberkopfordnung auf, die Familien und Gefolgschaften unter Fahnen möglichst beisammen. In den Kampf mussten alle Genossen ziehen, die Waffen tragen konnten, in erster Linie die Haus-, Vieh- und Landbesitzer, dann auch Schwache, Greise und Unfreie. Wer von den Genossen nicht erschien, dem drohte der Tod. Nur ungern folgten sie einem Führer und dienten nicht länger als sechs Wochen im Feld. Nur zu so viel verpflichteten die Gesetze.

Mit fürchterlichem Geheul, ihre Waffen schwingend, die Schilde zusammenschlagend, um die Feinde zu erschrecken, stürzten sie sich in den Kampf unter dem Singen der Barden, dem Gebell der Hunde, dem Geschrei der Frauen: Bei der Belagerung der Insel Mona sprangen die Weiber wie Furien im Trauerkleid hin und her und schwangen Fackeln, während die Druiden mit zum Himmel erhobenen Händen Verwünschungen ausstießen. Wenn einer, erzählt ein Alter, unterstützt von seiner Frau, die blauäugig und mächtig stark ist, eine Balgerei anfängt, so kann ein ganzer Haufen von Ausländern nicht dagegen standhalten, namentlich wenn das Weib knirschend mit aufgeworfenem Nacken ihre schneeigen Arme wiegt und mit Fußtritten untermischt, weit ausholende Fausthiebe verteilt, so gewaltig, als wenn es Katapultschüsse wären. Sind mehrere zusammen, so tönen ihre Stimmen furchtbar drohend, ob sie böse oder bei guter Laune sind. Auf dem Angriff, nicht auf der Verteidigung, beruhte wie bei allen Naturkindern ihre Stärke.

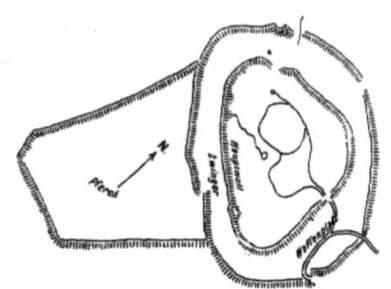

Vorrömische Erdbefestigung von Altkönig im Taunus.

Zum Rückzug dienten Steinburgen, Höhenstädte, die sie zur Römerzeit aufgaben, Burgen mit den schon früher geschilderten Befestigungen mit Wall und Graben. Zur stärkeren Sicherung ließ man wohl den einen Stein über den andern hervorragen oder legte Balken senkrecht zur Umfassungslinie mit Steinzwischenlagern, sodass Balkenlage und Steinlage schachbrettartig sich folgten und weder Feuer noch Sturmbock ihnen etwas anhaben konnte, wie Cäsar von gallischen Mauern sagt. Wurde doch eine solche Mauer entzündet, so verglaste, verkalkte sie und manchmal mochte man absichtlich zwischengelagerte Stämme verbrennen und eine künstliche Verglasung herbeiführen, woraus die Sage von Glasburgen entstand. Wenn weiches durch Feuer zerbröckeltes Gestein unter beständigem Regen litt, konnte eine breiartige Masse sich bilden. Oft legten die Kelten,

25

wie Reste in England beweisen, Mauer hinter Mauer; wenn eine fiel, bot die andere Schutz und demgegenüber mussten auch die Römer einen mehrfachen Ring von Mauern schaffen.

Die Heuneburg ist die Kernanlage eines frühkeltischen Fürstensitzes (6. Jh. v. Chr.). Hier: Rekonstruierte Gebäude und Lehmziegelmauer im Hintergrund.
Von LepoRello - LepoRello, CC BY-SA 3.0, https://commons.wikimedia.org/w/index.php?curid=8041216

Bau der Heuneburg (Anfang 6. Jh. v. Chr.) (Ausschnitt eines Dioramas im Heuneburg-Museum, Hundersingen).
Von LepoRello - LepoRello, CC BY-SA 3.0, https://commons.wikimedia.org/w/index.php?curid=8045872

5. Viehzucht und Ackerbau der Kelten

Jagd und Viehzucht

Die Gallier verstehen besser zu verwüsten, als zu bauen, sagt Cicero. Doch hatten die meisten Kelten das rohe Jäger- und Hirtendasein der Urzeit überwunden, ausgenommen die Briten, Iren, Schotten, die den Römern als Halbwilde erschienen und zum Teil es bis tief ins Mittelalter hinein blieben-. In Wales lebten noch im zwölften Jahrhundert die Mehrzahl als Hirten, wohnten nur im Winter im Geschlechtshaus und zogen im Sommer auf die Almen. Von den Iren erzählt ein englischer Schriftsteller im zwölften Jahrhundert, dass sie den Ackerbau fast ganz vernachlässigen, dass sie, unempfänglich für eine höhere Lebensart, es für ihr höchstes Glück betrachteten, in Freiheit zu leben ohne zu arbeiten, und noch im sechszehnten Jahrhundert zogen Geschlechter, Clans, ohne festen Wohnsitz mit Herden umher. Ja noch in die jüngste Zeit herein dauerte die Wechselwirtschaft fort, wie der Spruch beweist: „Irland war dreimal unter dem Pflug, dreimal Wald und dreimal wüst." Auch Kelten, die weiter vorgeschritten waren, liebten leidenschaftlich die Jagd und das Wanderleben; sie bildeten die Jagd zu einer Kunst aus, namentlich die Hetzjagd mit Hunden auf freiem Feld, wohl zu unterscheiden von der Pirsch im Wald mit Spürhund und Pfeil und erfanden für die Vogeljagd treffliche Spieße. In Irland wimmelte es noch im Mittelalter von seltsamen Vögeln aller Art. Die Kelten züchteten Hunde und Falken und feierten zu Ehren der Hunde sogar Feste.

In all dem lernten die Römer gerne von den Kelten, kauften ihre Hunde, britische Hunde wie britische Sklaven und ahmten sie in der Hetzjagd auf freiem Feld nach, während sie sonst ihrer ganzen Natur nach zum Fangen in Fallen und Netzen neigten; sie hießen den Hetzhund gallischen Hund. Andere Sonderamen der Jagdhunde, der Windhund *vertragus*, der Spürhund *segutius* erscheinen in romanischen Sprachen als *veltro*, *segugio*. Je edler ihre Hunde aber sind, meint ein Alter, desto jämmerlicher bellen sie. Außer den Hunden haben die Kelten vielleicht auch Falken, jedenfalls aber die Katze und allerlei Geflügel, Hühner und Gänse gezüchtet. Der Hahn, das Tier ihres Hauptgottes, den die Römer Merkur nannten, den Boten des Lichtes, vor dem die Nachtgeister fliehen, verehrten die Gallier als heiliges Tier (wie den Eber), die Briten verehrten auch die Henne und Gans, die sie daher nicht genossen, so wenig als den Hasen. Gänse wanderten später in Scharen nach Rom, ebenso Schweine; sie mussten wohl den ganzen Weg zu Fuß zurücklegen.

Unter den Schweinen zogen sie alle möglichen Arten, hochbeinige, wolfartige, die dem Wanderer gefährlich werden konnten, gelehrige, die dem Herrn Hunden gleich folgten, wie noch heute in Italien, die dessen Hornklang auf der Weide genau kannten, und fette dicke, die selbst auf Cato Eindruck machten. An dem reichen Segen der Natur, an üppiger Fruchtbarkeit, an förderte die Zeugung, rechnete deshalb schon auf 12 Tiere einen Eber, auf 30 Schafe einen Widder. In der römischen Satire erscheinen die Kelten als wohlgesättigt mit fetten Speisen — die Belgier hieß man geradezu die Geschwollenen, während die Italiker sich mit magerem Brei und Gemüse begnügten. Mit ihrem Schweinefleisch versorgten sie bald ganz Italien, ebenso mit Gansfedern und Schafwolle. Bei der Bedeutung dieser Viehzucht für den Reichtum des Volkes wundert man sich nicht, dass sie ihren Merkur zugleich als Moccus, Schwein- und Gabrus, Ziegengott und ihren Mars als Mullo Mauleselgott verehrten.

Hallstattsitula von Arnoaldi bei Bologna. Im oberen Streifen kämpfen zwei nackte Männer mit dem Cestus; zwischen ihnen steht auf einem Stativ ein Helm mit langem Kamm und Quaste. Dann folgt ein Wettrennen von fünf Zweigespannen. Die Wagenlenker tragen Kegelhelme mit Zierkugeln am zipfelförmigen Ende, zuvorderst steht ein Mann, der die Wagen aufhält und die Entscheidung gibt. In der unteren Reihe folgen auf einen Kundschafter und Führer zu Pferd acht Fußgänger mit türähnlichen Schildern, jeder mit zwei Lanzen. Die Helme haben verschiedene Form.

In die Schaf- und Rindviehzucht teilten sie sich zwar mit andern Völkern, aber sie zeichneten sich auch hierin aus, erforschten die beste Nahrung, führten ihre Schafherden auf herrliche Thymianweiden, wie sie der steinige Boden der später sogenannten narbonneschen Provinz bot, fütterten ihre Tiere mit Rüben, ja sollen sogar Fische ihren Rindern und Pferden vorgeworfen haben. Hinter der Zucht des Kleinviehes blieb die des Großviehes zurück, so noch bei den alten Römern, bei denen viele Familiennamen auf die Viehzucht sich beziehen. Zum Ziehen und Tragen musste sich bei den Römern vor allem der Esel bequemen, sodann das Rind, das sie mittelst des Doppeljoches zwangen; ihrer Zucht nun kamen wieder manche Erfindungen der Kelten zu gut. Selbst den Wisent suchten Kelten und Germanen sich dienstbar zu machen. Den größten Stolz setzten sie aber auf Pferde, die sie zu Fahrt und Ritt, auf der Jagd und in der Viehzucht verwerteten. Die Hirten umkreisten hoch zu Ross ihre Herden und hetzten die Jagdtiere zu Tode. Die Kelten verehrten fleißig die Pferdegöttin Epona und leisteten so Treffliches in der Zucht, dass ihre Tiere in den Handel kamen und das Wort March, Mähre zugleich die Ware allgemein, im Deutschen als Mark bekannt, bezeichnete. Vielleicht besteht sogar ein Zusammenhang mit dem keltischen Merkur. Ihre Rosse, Reit- und Fahrkünste, worin sich mancher einen Namen machte, nötigten selbst den Römern Bewunderung ab. Diese haben manches von den Kelten gelernt und manchen Ausdruck entlehnt. Mit keltischen Festen verbanden sich immer Reiterspiele. Vielleicht erfanden die Kelten das Hufeisen, das gleich dem Rad und Hammer als Götterzeichen galt, und geht wohl auf sie die Sitte zurück, Grenzen und Türen mit Hufeisen gegen Zauber zu schützen, die auch der germanische Bauer kannte. Alte Hufeisen fanden sich allerdings nur selten, obwohl wir sicher wissen, dass die Alten sie kannten, etwas häufiger Sporne. Steigbügel kamen erst im sechsten Jahrhundert nach Christus auf. Sein Pferd schmückte der Kelte wie sich selbst, färbte Mähnen und Schwänze rot, hing Goldscheiben und ein Glöckchenband an den Hals, deckte es mit Purpurschabraken, die an ihren Enden Goldkugeln trugen. So schön tönten die Glöckchen, berichtet die Sage, wie das Saitenspiel der Laute in der Hand des Künstlers. Windhunde umspielten Ross und Reiter.

Ackerbau

Mit der Viehzucht verband sich mehr oder weniger Getreidebau, weniger in Britannien, mehr in Gallien. Dort kannte man nur Sommerfrüchte, Hirse oder Haber und steckte sie wohl reihenweise, nachdem der Boden behackt war, worauf das Waliser Maß „drei Gerstenkörner gleich einem Zoll" hinweist.

Einfacher Pflug auf einem nordischen Felsbild.

Weiter vorgeschritten waren die Kelten auf dem Festland und hatten sich hier technische Mittel errungen, die selbst den Römern fremd oder neu erschienen, so merkwürdige Wagenarten und Pflugarten, Hackpflüge und Radpflüge. Der primitive Pflug ist ein Haken, ein hakenförmiger Baumast, von Menschen oder Tieren gezogen. Der längere Teil, der Pflugbaum, Grindel, dient zum Ziehen, der kürzere, spitzwinkelig ansetzende, die Griessäule, der Krümmel reißt mit der Spitze den Boden auf, wie das Schwein mit seiner Schnauze den Boden aufwühlt, weshalb alte Sprachen die erdaufwühlende Spitze mit einem Worte benennen, das auch Schweinsschnauze bedeutet, so keltisch Soch. Nun wurde in der Weiterentwicklung der Grindel mit Handhaben oder Sterzen versehen, die Griessäule zum Durchwühlen der Erde verstärkt. Die Holzspitze der Griessäule spitzte man messerartig zu einer Holzschar zu und ersetzte sie durch ein Metallmesser, das eine Sohle trug;

29

denn nichts anderes bedeutet die Schar, der Soch, Sock, anders als ein brei-
tes einschneidiges Messer, während die Germanen es zu einer zweischneidi-
gen Schar erweiterten; viele fügten einen Sech, Kulter, vor die Schar und
Streichbretter zu ihren Seiten hinzu.

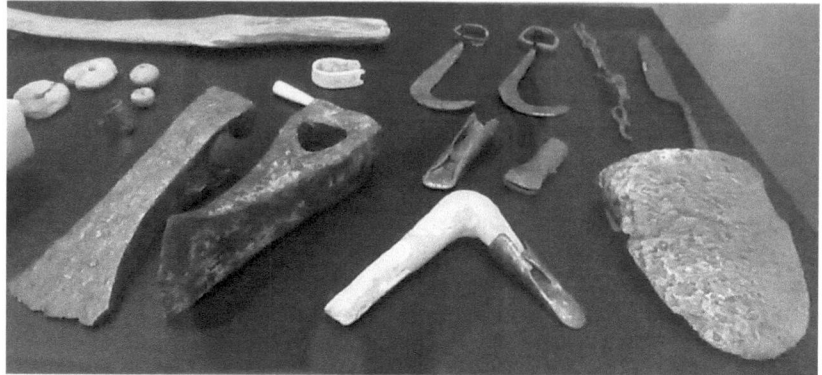

Gerätschaften aus Eisen für Handwerk und Landwirtschaft 2./1. Jh. v. Chr. Unter anderem zwei
Schäftungsringe von Sensen. Kettenglieder, Messer, Pflugbewehrung. Württ. Landesmuseum. Foto:
privat

Ob Sie Germanen oder Kelten den Pflug wesentlich verbesserten, lässt
sich aus dem Wort Pflug selbst nicht erschließen, da seine Herkunft Zwei-
feln unterliegt. Die Breite der Pflugschar, sagt Plinius vom keltischen Pflug,
wendet die Rasenstücke um; die Schar war also einschneidig und entbehrte
der Streichbretter. Ihren Grindel legten die Räter auf einen Radkarren, schufen so den Radpflug, neben dem sich aber der radlose Schwingelpflug erhielt. Dieser Pflug ermöglichte eine kräftige, tiefe Pflügung, setzte aber unbedingt Zugtiere voraus, während den Hackpflug auch Menschen ziehen
konnten. Gegenüber dem Radpflug hat auch der Hackpflug seine Vorteile,
weshalb ihn die Slawen lange beibehielten, sogar zu ihm zurückkehrten. Er
lässt sich leichter in verschiedene Formen bringen, passt sich den verschiedenen Bodenarten an, zwingt zu guter Pflügung, zu einem Längs-, Schräg-
und Querpflügen. Daher sind bei dem Hackenpflug die Felder mehr quadra-
tisch, beim Radpflug in längliche Streifen eingeteilt; wie denn die Kelten
und Germanen längliche Gewande hatten. Der Radpflug ist schwerfällig,
eine wahre Maschine, ebenso wie die Egge und erfordert überraschend viele
Zugtiere, Arbeitskräfte und Kosten, sodass er vielfach im Gemeinbesitz
stand: Der eine lieferte das Eisen, der andere das Gestell, ein dritter machte
den Treiber, wieder ein anderer lieferte Ochsen. Zu einem vollen Joch, zu
einem Vollgespann rechnete man 8 Ochsen, je vier nebeneinander, so im
keltischen Wales und im angelsächsischen Britannien, oder mindestens 4
Ochsen nebst Treiber noch im späteren Mittelalter. Indem man auf den Ochsen 2 Fuß rechnete, bedurfte man beim Pflügen für ein Ochsengespann
zweimal eine Rute, d. h. der Acker musste 36 Fuß breit und 30-mal so lang

sein, weshalb der keltische Morgen, Erw, ziemlich groß ausfiel. In England rechnete man auf die Vollhufe oder Hide, 4 kleinen Hufen vergleichbar, 12 Ochsen.

Keltische Art des Mähens nach einer venezianischen Miniatur des 15. Jh.

Allen diesen Voraussetzungen entsprechen die sogenannten Hochäcker, die sich auf ehemals rätischem und keltischem Gebiete in Süddeutschland finden, Äcker von $1/2$ bis $1^1/2$ Meter Höhe und 9 bis 16 Meter Breite. In feuchten Gegenden, in der Nähe von Flüssen angelegt, und auch in neuerer Zeit da und dort in Verwendung stehend, konnten sie sowohl in nassen als trockenen Jahren einen Ertrag liefern. In nassen Jahren trug wenigstens der breite Rücken, in trockenen die Furche Getreide. Bei wiederholtem Pflügen wurden jedes Mal die bisjährigen Rücken zu Furchen und die Furchen zu Rücken gewendet und dazu bedurfte man eines kräftigen Pfluges. Wegen der guten Erfahrungen, die sie damit machten, behielten die Kelten diese Äcker unter römischer Herrschaft bei. Darauf weist der Umstand hin, dass sie römischen Straßen entlang liegen, sodass man wohl sogar die Meinung aussprach, die Römer haben sie in gefährdeten, unkultivierten Gegenden angelegt, um das nötige Getreide sich zu verschaffen. Nachdem der Boden auf diesen Hochäckern erschöpft war, blieben sie wüst liegen, und so finden sie sich heute in Wäldern und Heiden, wo man erst später wieder rodete, vom Landvolk als Heidenbeete, Heidenäcker, Heidenstränge, Buckelbrache, alte Brache, sogar direkt als Römerbeete bezeichnet. Das beweist freilich römischen Ursprung ebenso wenig, wie die Benennung Römerturm einen Römerbau. Welch große Sorgfalt die Kelten auf den Boden verwendeten, zeigt die Mergelung, als deren Erfinder sie galten (Kreide, Kalk, Asche von verbranntem Dung benützten sie zu diesem Zweck), und die sorgfältige Umzäunung ihrer Grundstücke, die das Mittelalter beibehielt.

Zu den uralten nordischen Gewächsen, zu den Sommerfrüchten, Gerste und Haber, gesellte sich allmählich Dinkel, Weizen und Roggen; lernten doch auch die Römer erst in geschichtlicher Zeit den Weizen kennen, während sie sich zu Roggen und Haber nie verstanden und Gerste sehr gering schätzten. Eine besondere Gerstenart nannten die Römer die galatische. Bei der unvollkommenen Art des Mähens, Dreschens und Mahlens ging bei den Römern viel verloren. Mit stumpfen Sicheln oder Sägen mähte man entweder am Ende oder in der Mitte die Halme ab. Gedroschen wurden die Ähren im Freien durch Tiere — man kennt ja das biblische Beispiel von dem dreschenden Ochsen, dem man das Maul nicht verbinden solle — oder mittelst

Stöcken und Knüttel, den Vorläufern der Geißel, des Flegels, der erst im vierten Jahrhundert auftritt, oder einer Dreschegge oder eines Dreschschlittens. Wegen ihres feuchten Wetters trugen die Briten die Ähren in Scheunen, holten sie dort nach Bedarf, zupften sie aus oder droschen sie auf der Tenne, was den Alten auffiel, und zerrieben aus Handmühlen die Körner. Einer Verbesserung der Ernte- und Drescharbeiten sannen die Kelten mehr nach als die Römer, die sich weniger scheuten, Tiere und Menschen zu schindend. Mit plumpen, nicht durch Polster gemilderten Jochen quälten sie die Tiere, bespannten sie vor der Brust und ließen sie die Deichsel ohne Seile oder Stränge ziehen. Zur Überführung von Lasten dienten Tragbahren und schwere zweirädrige Wagen, Plaustra, keine Schubkarren. Bis ins 20. Jh. überwog in römischen Ländern der zweirädrige Wirtschaftswagen. Hier machten die Kelten wieder verschiedene Erfindungen; so bauten sie Sichelwagen, womit sie die Felder mähten und in angebrachten Wannen zugleich das Gemähte auffingen. Mit Sichelwägen wüteten sie im Kampf gegen Feinde.

Mit der ihnen eigenen Frische und Beweglichkeit bemächtigten sie sich früh unter dem Einfluss zuerst der Griechen, dann der Römer des Wein- und Ölbaues; sollen doch gerade die Südfrüchte die Gallier nach Italien gelockt haben. Sie gerieten auf verschiedene Entdeckungen und Fortschritte, indem sie ihrer Art entsprechend allerlei Proben und Versuche anstellten, Erfindungen, die auch den Römern gefielen. So brachten sie die Senkrebe, das niedrige Rebengeländer eine weitere Rebstockulme, den Traubenbohrer, den die Römer den gallischen hießen, und Holzfässer auf, deren Vorzüge vor den römischen Tongefäßen niemand leugnen konnte, obwohl sie langsam durchdrangen; denn erst im achten Jahrhundert drang das keltische Wort Tonne ins Lateinische ein. Sonst behandelten sie den Wein in römischer Art, mischten ihn mit Harz, Pech, Aloe und räucherten ihn. Den Hauptsitz hatte der Wein- und Ölbau im Süden, wo schon vor der Römerzeit wie in Spanien eine beinahe städtische Kultur blühte. Dagegen dauerte noch zur Römerzeit in Aquitanien Jagd und Viehzucht fort; das beweisen die Jäger- und Hirtennamen, die uns auf Inschriften begegnen.

6. Gewerbe und Handel der Kelten

Weberei

Museum Quintana. Urnenfelder Kultur (1100-800 v.Chr.): Rekonstruktion eines Webstuhls.
Von Wolfgang Sauber - Eigenes Werk, CC BY-SA 3.0,
https://commons.wikimedia.org/w/index.php?curid=7276504

Von Südfrankreich ging die höhere Kultur der Kelten aus, wo Marseille als Licht- und Brennpunkt lag und wo unter griechischer Anregung Gewerbe und Handel sich entfalteten. Bald wetteiferten einheimische Handwerker den fremden Mustern nach und schufen Bronze- und Tonwaren, namentlich aber Leinewaren, die ihren Weg nach dem Norden, ja nach dem Süden und Osten fanden. Die keltische Leinwand erntete großen Ruhm, umso mehr als Italien und Griechenland Unbedeutendes leisteten. Der Flachs fand in den warmen Gebirgslandschaften der beiden klassischen Halbinseln keinen rechten Boden, gedieh aber umso besser im Norden, in den nebeligen Ebenen, auf humusreichem Waldboden und, was so üppig wuchs, spannen und woben die Kelten in ausgedehntem Maße. Als eigentümlich fiel den Römern die Sitte auf, dass sie schon in Oberitalien und mehr noch nordwärts die Leinwand vermutlich durch Mägde unterirdisch in Kellerräumen, weben ließen, eine Sitte, die sich durch das ganze Mittelalter hindurch erhielt. Die gesponnene und gewobene Leinwand verstanden die Kelten mit allerlei Farben, mit Purpur, Scharlach, Blau und Schwarz zu zieren, Farben, die sie aus Pflanzensaft und aus Mineralien gewannen und mit Goldfäden und Seide zu sticken und zu weben. Verfilzte Wolle tränkten sie mit Essig, um sie haltbarer zu machen. Wie wir schon oben hörten, haben die Römer viele Gewebe von ihnen entlehnt, die Sabana, Raeana, Drappus, Läna, Sagum, und mit diesen Namen auch gewisse Kleidungsstücke bezeichnet. Die Kelten lehrten endlich die Germanen weben und färben und empfingen von ihnen Pelzstoffe.

Holzarbeit

Nicht allein Kleider zu weben, verstanden die Kelten, sondern auch mit Holz, Stein und Metall umzugehen. Die Holz- und Metallkunst griff ineinander über, die Fortschritte der Metalltechnik kamen auch der Holzarbeit zu gut; denn sie lieferte ihnen gute Bohrer, Sägen, Hobel, angeblich sogar Sägemühlen. Im Übrigen unterschieden die alten Völker nicht einmal zwischen Sichel und Säge, und die Bretonen entlehnten zudem ihre Bezeichnung dem Lateinischen. Von ihrem Haus- und Schiffsbau her gewöhnt, Holz, Reiser, Pfähle, Stämme mit Kalk, Lehm, Pech oder Leder zu verbinden, schufen sie aus Birkenholz und Weiden, verbunden mit Pech, allerlei Körbe und Geräte, Körbe, die zu beiden Seiten der Lasttiere und Menschen hingen, eigenartige Säcke, Felleisen, Bulgen genannt, die an den Arm und Rücken gehängt wurden. Vielleicht erfanden sie auch Butten und Bahren. In all diesen Stücken unterscheidet sich noch heute der Norden vom Süden, der viel ärmer an Tragarten erscheint.

Reich mit Bronze beschlagener Wagen aus einem Grab bei Elsaß aus der Latène-Zeit. Museum Straßburg. Die Ringe dienen zur Befestigung einer Leinwand-Überspannung. Bei diesem Typ Wagen muss man von einer profanen Bedeutung ausgehen, nämlich dass sein Besitzer damit über Land fährt oder Waren transportiert.

Ebenso Treffliches leisteten sie im Wagenbau, ersetzten Scheibenräder durch Speichenräder und verstanden es, die Wagen so praktisch zu gestalten und verschiedenen Zwecken anzupassen, dass die Römer ihre Wagen ebenso übernahmen und nachahmten, wie die griechischen. Hierher gehören leichte Wagen, Karren, Reisewagen Rheden, Cisien, Deckwagen oder Covini, Carrucae, Korbwagen, Korbschlitten, Bennä, Leiterwagen, Carpenta, schwere Lastwagen, Petorrita, Esseda, Sarraka. Je nach dem Rang eines Mannes und einer Frau kam ihr eine besondere Wagengattung und ein besonderer Wagen zu; auf Esseden fuhren Fürsten, wie ein Alter berichtet, auf Pitenten Königinnen; auf rot angestrichenen Pilenten Priesterinnen, Jungfrauen; auf Petorriten, Vierrädern vornehme Familien. Von einem Prachtwagen sagt die Sage, dass der Wagenbaum mit Messing geschmückt, der Wagenkorb verzinnt, die Räder gelb mit Eisen beschlagen, das gebogene Joch schön vergoldet war, und von einem andern, er sei mit weißer Bronze, mit Gold- und Silberrippen belegt, purpurne Schabracken mit schönen Figuren seien an den Wagenkasten mit Goldschnallen festgebunden gewesen. Zum Übersetzen der Flüsse bedienten sich die Kelten wieder besonderer Wagen, Harmamaxen von den Griechen genannt, und zum raschen Überfahren über Flüsse setzten sie Schiffsbrücken, Pontons aus leichten Kähnen zusammen, die Cäsar nachahmte.

Bergbau und Metallkunst

Tönerne Schmelzschale vom Kupferbergwerk zu Mondsee.

Vollständig kupferner Pickel zum Bearbeiten der Stollen im Kupferbergwerk zu Mitterberg (Kupferzeit).

Feuerfeste Spitze aus Ton für einen Blasebalg, wie er zum Schmelzen von Bronze gebraucht wird. Württ. Landesmuseum. Foto: privat

Neben dem Salz war es vor allem Gold und Silber, wonach der farben- und schätzehungerige Sinn des Menschen begehrte. Diese Metalle fanden sich in Gallien, wie unter anderem die Orte beweisen, in deren Namen die Silbe arg vorkommt; aber auch das Rheinland und die Schweiz blieben nicht zurück. Alle anderen Länder übertraf jedoch Spanien. Nach Erschöpfung dieser Länder bot einige Zeit auch Irland Ausbeute, während Britannien als Land der Perlen, der Blei- und Zinnbergwerke seinen Ruf Jahrhunderte hindurch bewahrte. Von den britischen Zinninseln, näherhin der Gegend von Cornwall und Devon hören wir, schwarz gekleidete Leute, deren Gewänder bis auf den Boden reichen, leben vom Bergbau; in Spanien boten Flüsse und Berge reiche Ausbeute. Schon in den ältesten Zeiten nützten die Bewohner die Metallberge aus, aber erst unter fremdem Einfluss, zuerst die Phöniker, dann der Griechen und Römer haben sie ihre Nutzung vervollkommnet, sodass jene geradezu als Lehrmeister gelten konnten. So gruben denn die Kelten mächtige Schächte und Stollen, bearbeiteten das Gefundene in Mörsern, pochten, mahlten, rösteten und siebten das Erz, bauten zum Schmelzen Herde, die in den Boden gingen, oder Ofen, die sich in die Luft erhoben. Um den zum Schmieden nötigen Wind zu erhalten, mussten sie die Schmieden an luftige Orte stellen, auf hohe Berge oder an den Meeresstrand, und erst als man künstliche Mittel, den Blasbalg erfand, wurde man von der Gegend unabhängiger. Die Römer traten ganz in die Fußstapfen der Kelten, wie sie ihre Bergwerke denn auch Minen, nach einem keltischen Wort *mein*, rohes Metall, benannten.

Mit den nur noch als Fragmente erhaltenen "Briquetagen (= ziegelartige Gefäße)" wurden in Schwäbisch Hall Salz versotten und mitsamt den Tiegeln in einem Umkreis von 100 Kilometern verhandelt, wie zahlreiche Bruchstücke aus Siedlungen zeigen. Zum Auslösen der Salzkruste wurden die Behältnisse zerschlagen. 5. Jh. v. Chr.; Württ. Landesmuseum. Foto: privat

Auch in der Salzgewinnung machten die Kelten Fortschritte. Während sie früher das Salz durch Verdampfung der Sole auf glühenden Holzkohlen, dann auf stark erwärmten Steinen, auch Backsteinen, bereiteten, wie sich solche in großer Zahl im Tal der lothringischen Seille fanden, benützten sie jetzt Metallpfannen, legten Bohrwerke und Schöpfbrunnen an. In besonders ausgedehntem Maße trieben sie diesen Bergbau um Salzburg, wo, wie ein Alter berichtet, die Alauner, d. h. die Salzbereiter, wohnten. Die Wurzel dieses Wortes kehrt wieder in dem Worte Hall, Hallein. Als Salzbereiter finden wir später noch Kelten oder andere vorrömische Völker in den Salzgegenden sitzen und finden sie als Wanderarbeiter im Norden. Um die Salzquellen tobte wie um andere Bergwerke oft heftiger Kampf.

Gemäß ihrer Vorliebe für allerlei Stoffverbindungen mischten die Kelten Metalle, verbanden Kupfer und Gold mit Zinn und Silber, machten durch Verzinnung die Kupfergeräte unschädlich und erhöhten den Reiz durch Korallen-, Email- und Glasverbindungen. Vor allem lockte der Korallenglanz. Zur Latènezeit begannen sie Korallen zu bearbeiten, sei es gesondert zu Perlen, Medaillen, Plättchen, sei es zu Einlagen und Vernietungen, besonders bei Fibeln. Als Ersatz des Korallenschmelzes ergab sich dann später die Verbindung farbiger Glasflüsse und Glaszellen mit dem Metall. So erklärt es sich, dass die Waffen der Kelten von allerlei Farben strahlten, wie die Alten berichten. Während die Hallstattarbeiten meist sich nur mittelbar auf die Kelten beziehen lassen, erscheinen sie in der Eisenzeit selbst in voller Tätigkeit. Als Hauptträger der Latènekunst neben den Germanen gossen und formten sie die gefundenen Stoffe zu kunstvollen Gebilden, gaben ihnen kräftige Formen, hervorstehende Profilierung und Abrundung.

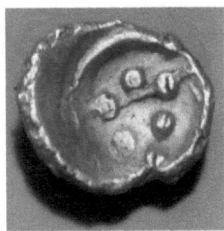

Charakteristisch für die Latènezeit sind namentlich Goldmünzen, genannt Regenbogenschüsselchen, kleine napfförmige Gebilde. Daneben benutzten die Kelten flache Münzen, nach Art der griechisch-makedonischen Münzen, die ihnen von Marseille her bekannt waren und später nach dem Vorbild der römischen Denare, endlich Ringe und Rädchen, „Bangen", wie die Germanen sie nannten. Die nach griechischen Mustern gebildeten Münzen zeigen das Bild eines Zweigespannes, das sie auch an Felsen anbrachten, das Bild der Pallas oder Minerva, das Bild von Pferden, Vögeln, Adlern, Reihern, Kranichen, Fischen, besonders aber von Halbmonden, Sternen und Kugeln, die man in mehr oder weniger unmittelbarer Beziehung zum Gestirndienst stellte.

Keltische Goldmünze in der Größe eines 5-Centstücks (Regenbogenschüsselchen) , aus Geltofing (Aiterhofen). Von Wolfgang Sauber - Eigenes Werk, CC BY-SA 3.0, https://commons.wikimedia.org/w/ind ex.php?curid=32543719

An Gold war Gallien ungemein reich, ein wahres Goldland, Eldorado und wegen ihrer Goldgier waren die Kelten und nach ihnen die Germanen berüchtigt. Doch fällt es auf, dass die Kelten ihr Wort für Gold aus dem Lateinischen übernahmen, während die Germanen zu seiner Bezeichnung ein Wort verwandten, das ursprünglich wohl gelb hieß, ähnlich wie das lateinische *aurum*.

Keltische Gußform für Sicheln. Württ. Landesmuseum. Foto: privat

Keltische Sicheln aus Bronze. Württ. Landesmuseum. Foto: privat

Handel

Auf den Grundlagen eines ausgedehnten Gewerbes erhob sich ein bedeutender Handel, der bis in die Zeiten der Phöniker und Griechen hinabreicht. Noch heute erinnern die punischen und griechischen Namen von Südfrankreich an die Handelsniederlassungen des Ostens, wie Marseille, Monaco, Nizza, Antibes. Der Melkart- und Astartedienst klang fort in zwei Herakleas und in Porto Benere. Wie die Phöniker Melkart, so verehrten die Kelten neben Mars an erster Stelle Merkur den Handelsgott, den Gott der Wege und Stege, den Führer der Reisenden und zugleich den Erfinder aller Künste. Beide Götter Mars und Merkur flossen in ihrer Vorstellung zusammen, sei es, dass der Kriegsgott zugleich als Gott oder Genius guter Beute oder der Handelsgott als vorstürmender kühner Abenteurer galt. Krieg und Handel griffen ohnehin in der Urzeit ineinander und die Kelten, deren Wesen man noch beobachten kann an den Nachkommen der Helvetier, wie der Gallier, blieben immer beiden Göttern getreu. Unter dem deutlichen Einfluss der Phöniker stellten sie ihren Handelsgott dar als einen alten Seefahrer, der die Menschen mit Gold- und Bernsteinketten einfängt.

Attische Schale von Kleinaspergle bei Ludwigsburg um 470 v. Chr. Dieser Import einer griechischen Schale belegt zugleich auch die Handelsbeziehungen der Kelten.

Teils die Eifersucht fremder Händler, teils Mangel an eigener Unternehmungslust ließ die Kelten sich nicht allzu weit auf das Meer vorwagen. Darin unterscheiden sie sich völlig von den wagehalsigen Nordmännern, den Nordgermanen. Wenn die Bewohner von Marseille das für die Bronze so wichtige Zinn erwerben wollten, mussten sie es auf Landwegen holen. Da zogen auf alten Handelswegen lange Reihen von Lastwagen, mit Pferden bespannt, beladen mit Zinn, in dreißigtägiger Fahrt nach dem Süden, während zwischen der englischen und französischen Küste die Phöniker, später wie es scheint, die Veneter, die Bewohner der Bretagne vermittelten. Im Übrigen ließen die Kelten gerne fremde Händler zu sich kommen, zuerst die Phöniker, dann die Punier und Griechen, dann Etrusker, Italiker, Römer.

Mit den stammverwandten Etruskern unterhielten die Räter lange Zeit einen lebhaften Verkehr der sich nicht allein auf dem Meer, sondern auch über die Alpenpässe, über den großen St. Bernhard bewegte, worauf etruskische Waren in süddeutschen Gräbern Hinweisen. In Italien selbst erwachte unter den keltischen Insubrern die Handelsgier — Insubrer und Händler bedeutete zu Ciceros Zeit nahezu gleich viel — und dann unter den Römern selbst. Schon im dritten Jahrhundert kam einer der Scipionen nach Marseille, um unmittelbare Beziehungen anzuknüpfen und die karthagische Vermittlung entbehrlich zu machen.

Gegen gallische Rohprodukte, Felle, Häute, Pech, Flachs, Bernstein, Korallen, gegen Sklaven, Pferde und Schweine tauschten die Römer Wein und Öl, Bronze- und Töpferwaren; sie gewannen schon um ein Fässchen Wein einen Sklaven, machten überhaupt solche Gewinne, dass sie alle Anstrengungen nicht scheuten, den Handel sich zu sichern, dass sie schon vor der Eroberung Galliens im Seeräuberkrieg die Südküsten Galliens durch eine Flotte schützten. Innerhalb ihres Landes trieben die Kelten selbst Land- und Wasserverkehr- und ließen ihre Schiffe treiben; der rinnende Strom lockte sie, wie ihre Sprache zeigt, gleichsam von selbst zum Befahren. Sie benutzten ausgehöhlte Baumstämme, Schiffe aus Reisig mit Tierhäuten oder Leder überzogen, wie solche noch bis ins 20. Jh. die Iren gebrauchen, oder Holzschiffe, deren Fugen sie mit Rohr verstopften, Segel- und Ruderschiffe, bei denen Vorder- und Hinterteil sich nicht unterschied wie bei den nordgermanischen. Von den Ufern und Küsten entfernten sich die Schiffe nicht weit, konnten daher wohl von Ochsen oder Menschen gezogen werden, vermieden schon der Stürme wegen, sodann wegen der schwierigen Arbeit die hohe See und ruhten des Nachts und Winters.

Trotzdem fehlte es nicht an waghalsigen Männern und Stämmen, die sich weit ins Meer hinaus wagten, und auf ihrer Tätigkeit mochte der Verkehr beruhen, der nachweisbar zwischen Irland, Spanien und Skandinavien bestand, nachweisbar, weil Fundstücke in all diesen Ländern sich auffallend gleichen. Am meisten taten sich hervor die Veneter; ihre großen aus tüchtigem Eichenholz mit eisernen Klammern gefügten Schiffe, ihre eisernen Ankerketten, ihre den Stürmen des Nordens gewachsenen Segelhäute kann sogar Cäsar nicht genug rühmen. Den weiten Ozean betrachteten sie nach Cäsars Worten als ihr Gebiet, sie fuhren des Zinnes wegen nicht nur nach England, sondern auch nach Spanien und an die Ostsee, wo sie, wie es scheint, starke Niederlassungen hatten, und führten die Erzeugnisse des keltischen Gewerbefleißes, namentlich Ton- und Bronzewaren aus.

Gegen Fremde verleugneten auch die Kelten nicht die Mischung von Misstrauen und Neugierde, die andere Völker im Verkehr mit Fremden zeigen. Sie legten bei dem Handel in den Städten nie die Waffen ab, wie ein Grieche noch in späterer Zeit bemerkte. Daher mussten Fremde vorsichtig sein und sich auf Angriffe und Gewalt gefasst machen und ihre Handelsniederlassungen befestigen. Mancher Hafenplatz zerfiel in zwei Teile, die durch eine Mauer geschieden waren, in die Stadt der Händler und der Einheimischen.

Gastfreundschaft

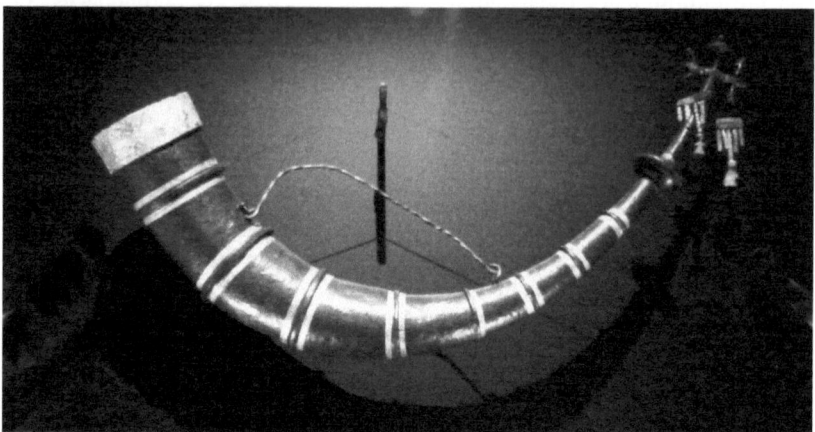

Goldgefasstes Trinkhorn aus dem Grab des Keltenfürsten von Hochdorf. Württ. Landesmuseum. Foto: privat

Auf der andern Seite achteten sie das Gastrecht, bestraften den Mord eines Fremden strenger als den Mord Einheimischer, gewährten dem Fremden Lager und Mahl. Während die Helden des Arturhofes tafelten, kam ein Freier Kulhuch: *„Öffne die Pforte"*, rief er dem Türhüter zu. *„Ich öffne nicht"*, antwortete der Pförtner, *„denn das Messer ist im Fleisch, der Trank im Horn; nur ein anerkannter Königsohn oder ein Sänger mag eintreten. Dir aber mag es genügen, dass man deine Hunde und Pferde füttert und dir ein Mahl bereitet in der Gästehalle, dass man dir ein Lager mit Frauengesellschaft und die Freuden der Musik anbietet. Morgen, wenn sich das Tor öffnet, magst du als erster eintreten und dir einen Platz wählen wo du willst am Hofe Arturs."* „*Wenn du nicht öffnest, werde ich drei Rufe erheben, dass vor Schrecken die Frauen fehl gebären"*. Darauf trat der Pförtner vor Artur und schilderte ihm die glänzende Erscheinung des Fremden und dieser gab den Bescheid: *„Wie du gegangen bist, laufe eilends zurück. Alle die das Licht schauen, seien seine Sklaven; die einen sollen ihm goldgefasste Hörner bieten, die andern geröstetes und gepfeffertes Fleisch; es ist schade, einen solchen Mann dem Regen und dem Winde ausgesetzt zu lassen"*.

Hatte man einen Gast empfangen, so bot man ihm, nachdem er die Waffen abgelegt, Wasser zum Waschen der Füße; König Artur selbst nahm den Goldkamm und die Silberschere und ordnete die Haare Kulhuchs. Dann ließ ihn der Hausherr am Herd niedersetzen, reichte ihm Speise und Trank, wies ihm ein Lager an, auch wenn er ihn nicht kannte. Wie wir aus Homer wissen, fragte den Gast erst, nachdem er gesättigt war, der Wirt nach seiner

Herkunft. Bei den Kelten konnte einer drei Tage bleiben und niemand fragte nach Namen und Herkunft, wenn es der Gast nicht freiwillig tat, sondern bot ihm willig Lager und Mahl. Besonders liebe Gäste ehrte man durch Kuss und Umarmung und sorgte für Erheiterung durch Schmausereien, Gesang, Harfenspiel und Frauengesellschaft. In dieser Hinsicht teilten die Kelten die Sitten anderer roher Völker. Beim Fest der Brieriu bedienen 150 Mädchen die 150 Lager und von Cuchulainn und seinen Begleitern wird erzählt: Es wurde ihnen Bier gebracht, bis sie trunken waren; da kam ihnen Begierde: *„Wie wird Cuchulainn schlafen?"* *„Habe ich die Wahl"*, fragte Cuchulainn. *„Du hast sie,"* sagte der Held. *„Dort sind die drei Töchter des Riangabair, nämlich Eithne und Etan und Etain. Dort sind ihre drei Brüder, dort ist ihre Mutter und ihr Vater"*. Da sagte Cuchulainn: *„Ich weiß nicht, mit wem Etan schlafen wird, aber ich weiß, Etan die Weiße, wird nicht allein schlafen"*. Das Weib geleitete ihn, und er gab ihr am Morgen einen Daumenring von Gold, in dem eine halbe Unze Gold war. Auf der Weiterwanderung ist es bald die Tochter, bald die Frau des Hauses edler Fürsten, die dem Cuchulainn Gesellschaft leistet. Erst beim Scheiden fragte man nach dem Zweck der Reise und bot das Gastgeschenk, womit die Kelten so wenig geizten als die Griechen, ohne freilich auf Gegengaben zu verzichten. Gastfreundschaft empfahl die keltische Lust, sich zu zeigen, und ihre berühmte Neugier, Eigenschaften, die sie vorzüglich zu einem Stadtvolk befähigten. Viel eher als die verschlossenen Germanen neigten die Kelten zum Anschluss, zur Gesellschaft. Einen Anknüpfungspunkt für den Zusammenschluss boten schon die Rückzugsburgen, deren sie als Hirten dringend bedurften, wo sie sich zur Beratung, zum Götterdienst, zum Handel versammelten, wo zahlreiche Hütten und Holzhäuser vor allem für Händler erstanden. Solche Orte nannten nun die Griechen und Römer Städte, obwohl sie ihren Städten weit nicht glichen. Denn die Häuser waren meist aus Holz gebaut und brannten leicht nieder, wovon wir öfters hören, und nur langsam verbreitete sich vom Süden aus der Steinbau, den die Griechen zuerst dort anwandten.

Keramikteller mit farbigem Muster aus der älteren Hallstattzeit (8./7. Jh. v. Chr.). Württ. Landesmuseum. Foto: privat

Glasarmringe der Mittel- bis Spätlatènezeit ohne Naht, deren Herstellung bis heute rätselhaft ist. Sie weisen keinerlei Naht auf. Der gelbe Armring ist besonders raffiniert gearbeitet. Er besteht aus farblosem Glas, nur die Innenseite ist gelb beschichtet. Durch die durchscheinende äußere Schicht erstrahlt das Gelb besonders leuchtend. Gelber Ring:Trochtelfingen, Kreis Reutlingen, um 200 v. Chr. Blauer Ring: Grabbeilage Giengen an der Brenz, Ostalbkreis. Württ. Landesmuseum. Foto: privat

7. Keltische Familie

Viel mehr als die Germanen, wenn auch weniger als die Römer, pflegten die Kelten das Zusammenwohnen, den Zusammenschluss der Familie, des Geschlechtes, ähnlich wie die Slawen. Das patriarchalische Zusammenhalten, das Zusammenleben einer Großfamilie, vieler Familien in einem Hause, die Hausgemeinschaft hatte hier wie dort ähnliche Folgen: Frauen- und Kindergemeinschaft, Vielweiberei und Vielmännerei, wie noch Cäsar bei den Briten beobachten konnte, wo sich die alten Sitten am längsten erhielten. Je zehn oder zwölf, sagt er, haben unter sich gemeinschaftliche Frauen, am meisten Brüder mit ihren Brüdern und Eltern mit ihren Kindern. Die Neugeborenen werden als Kinder derer angesehen, denen die Weiber zuerst als Jungfrauen gefolgt sind. Zwischen ehelichen und unehelichen Kindern machte man keinen Unterschied, bezeichnete wohl uneheliche Söhne als Göttersöhne. Mit den Gruppenehen verbanden sich Einjahresehen vom ersten Mai an und Probeehen auf sieben Jahre, nach deren Ablauf auch eine Konkubine zum Rang einer Frau gelangte; Verhältnisse, die die Sklaverei und eine große Zahl von Sklavinnen begünstigte; wird doch noch in den Kirchenrechtsquellen des fünften bis achten Jahrhunderts in Irland nach altirischer Weise mit Sklavinnen gerechnet wie etwa sonst nach Rindern. Mit den irischen Volksfesten verband sich noch lange eine Art Weibermarkt.

Der freien Auffassung des Ehelebens entspricht der Wechsel der Anschauungen, der Achtung vor den Frauen: Bald hochgeehrt, bald verachtet steht die Frau da, sodass selbst den Alten die Gleichgültigkeit vieler gegen ihre bestrickenden Frauen auffiel. Bald erscheint die Frau als Herrin, bald als Sklavin, wie überhaupt unter primitiven Verhältnissen, wo die Frau auch unter den günstigsten Verhältnissen der Willkür überliefert blieb. Demgemäß schillert auch das Kaufgeschäft, das den Eheabschluss begleitet, in den verschiedensten Lichtern. Der Kaufpreis des Mannes erscheint wohl wie eine Huldigung und die Mitgift der Frau als ein Mittel, ihr Freiheit und Achtung zu erwerben. Im Allgemeinen aber demütigte und erniedrigte das Kaufgeschäft das Weib.

Zwar brachte die Frau, wie bei andern Völkern, dem Gatten eine Mitgift, gewöhnlich in Vieh bestehend, bei; aber was den Römern auffiel, war die Gegengabe, die der Mann leistete, eine Gegengabe, die weit über das hinaus ging, was in Rom ein Mann vor oder nach der Hochzeit seiner Frau schenkte. In dieser Gabe steckte wohl ein Kaufpreis, das Amobyr, Jungferngeld und gewährte das Recht auf die erste Ehenacht. Aber wie die irische Sage zeigt, behielt der Vater der Braut nur einen kleinen Teil des Kaufpreises und schenkte den Rest seiner Tochter — jedenfalls verriet die Gegengabe des Mannes eine gewisse Achtung vor der Frau, und ein Alter sieht darin ein deutliches Zeichen von Weiberherrschaft. Auch während der Ehe bestand Errungenschaftsgemeinschaft, sodass die überlebende Gattin eine gute Witwenversorgung (Wittum) genoss; bei Scheidungen aber wahrte das Recht der Frau mit pünktlicher Genauigkeit ihren Teil. Hinterließ bei den Briten ein Mann nur eine Tochter, so übernahm sie die Erbschaft und war zur Kampfhilfe verpflichtet, ausgenommen, wenn sie die Hälfte des Erbes an die Verwandten des Verstorbenen abtrat. „Frauen entscheiden heute über die Schätze", sprach Glenddydd zu ihrem Mann vor ihrem Tod. „Du wirst dein Kind zugrunde richten, wenn du dich wieder verheiratest, bevor nicht eine Brombeerstaude auf meinem Grabe wächst." Nachdem ihr Mann das versprochen, rief sie den Hausbarden, dass er auf ihrem Grab keine Pflanze dulde.

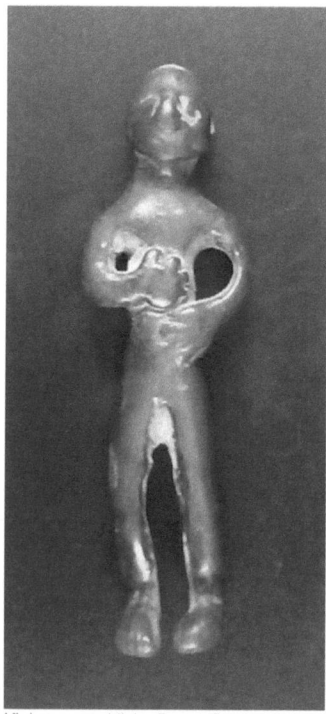

Kleine menschliche Bronzefigur aus dem Grab einer Frau bei Stuttgart-Bad Cannstatt, 4. Jh. v. Chr.; Württ. Landesmuseum. Foto: privat

Frauen nahmen Teil am Kampf wie an der Fehde, fochten wie Amazonen, kreischten wie Hyänen, und mancher Feind floh erschreckt vor ihrer unheimlichen Wut, und manche stolze Frau herrschte wie ein Mann. Man erinnere sich an die mächtige Königin Baodicca, die den Aufstand gegen die Römer schürte und gesagt haben soll: Entweder siegen oder sterben; das soll wenigstens das Los der Frauen sein, mögen die Männer, wenn sie wollen, leben und dienen. Ein solches Vorrecht, mag man denken, ertrug nur ein rohes, wildes Volk; dass aber auch kultivierte Stämme ein ähnliches Recht duldeten, beweisen Sitten, wie sie uns von Südfrankreich berichtet werden. Dort, liest man, war es nicht der Mann, der die Frau wählte, sondern die Jungfrau wählte den Gatten, indem sie beim Mahle demjenigen, den sie erwählt, den Becher reichte. Auch in der irischen Sage kam es vor, dass eine Tochter entfloh, wenn sie einem ungeliebten Manne folgen sollte, und einem andern sich aufdrängte. In Südgallien traten Frauen als Schiedsrichter auf und dort entstanden im Mittelalter die berühmten Liebeshöfe mit ihrem Minnedienst.

Reichen, herrschgewaltigen, schönen Frauen sahen die Kelten viel nach und duldeten Vielmännerei. Der Frau des Septimius Severus ließ eine britische Häuptlingsfrau sagen, sie könne so viele Männer haben, als sie wolle. Daher haben noch später die Pikten im Zweifelfalle beim Tod eines Häuptlings oder Königs aus der Frauenlinie Nachfolger gewählt. Bei allen Völkern, wo keltisches Blut sich eindrängte, haben sich Reste der Frauenvorherrschaft erhalten, namentlich in Frankreich, in Deutschland wenigstens im Minnedienst. Bei Shakespeare preist ein Mann seine Frau mit keltischem Überschwang als sein Landgut, sein Haus und Hof, sein Hausgerät, seinen Acker, seine Scheune, sein Pferd, seinen Ochs, seinen Esel, kurz sein alles.

Scheibenhalsringe: Goldgefärbtes Metall mit Einlegearbeiten aus rotem Glas. Frauengrab 4. Jh. v. Chr.; Württ. Landesmuseum. Foto: privat

Das Ideal der Schönheit erblickte der Kelte in blonden Frauen, wie uns die Sage eine beschreibt: Ihre Haare gelb, wie die Blüte des Ginsters, ihre Haut so weiß, wie der Schaum der Woge, ihre Hände so glänzend, wie der Klee, der aus der Springflut auftaucht, ihr Blick so leuchtend, wie der eines Falken, ihr Hals schwanenweiß, ihre Wangen rosenrot. Krausgewelltes, kornblondes Haar legt sich in Strähnengürteln um das Haupt der Göttin, die Conchobar im Traum erscheint, ein sanftes, weiches Tuch von grüner Seide bedeckt ihren Hals. Ähnlich mag das Mädchen ausgesehen haben, das ein Zauberer aus der Blüte der Eiche, des Ginsters und der Königin der Wiesen schuf'. Aber trotz allen Glanzes, oft gerade wegen ihrer Schönheit ging ihre Bedeutung meist nicht weit hinaus über die von Zierpuppen, und viel weniger als selbst bei Griechen stehen die Frauen im Mittelpunkt der Volksdichtung und Mythologie. Bei den Germanen glänzen die Göttinnen und Heldinnen mehr, als bei den Kelten. Die Göttergestalten sind überwiegend männlich, nur das mütterliche Wesen in der Gestalt der Matrone, das pallasartige Verständige, das Kriegerische fand Ausdruck und Ehre, nicht aber das Jungfräuliche und nicht das üppig Weibliche. Eine Gestalt wie Venus fehlte so gut als eine Freja, Holla oder die Walküren; man müsste denn nur Oberon und Titania, die Schützer bräutlicher Liebe, als Keltengötter ansprechen, und ein Gewicht legen auf die Äußerung Julians, dass die Kelten die Keuschheit göttlich verehrten.

Edle und unedle, aufopfernde und herrschsüchtige Frauen, Herren- und Sklavennaturen müssen oft dicht nebeneinandergestanden haben. Wie das Volk selbst sehr veränderlich, beweglich, launisch war, so stritten in der Frauen Brust Lust und Liebe, Hingebung und Treue, Herrschsucht und Bosheit um den Vorrang. Von den galatischen Frauen berichten die alten Schriftsteller, dass sie die Treue gegen ihre Gatten durch blutige Rachgier

45

an ihren Verführern bewährten. So reichte Kamma ihrem Schwager den Giftbecher und überlieferte Chiomara den römischen Hauptmann, der sie geschändet hatte und dann als Gefangene ihrem Manne wieder verhandelte, den Schwertern ihrer Diener. Viel leichter überließen sich die gallischen Frauen den römischen Soldaten und beugten sich der Macht.

Wie bei den Römern, hieß es auch bei den Kelten, entweder siegen oder unterliegen, herrschen oder beherrscht werden. Gerade das Beherrschtwerden erscheint als das Regelmäßige, Ursprüngliche, Ältere. Denn bei allen Indogermanen herrscht unbedingt der Mann und die Frau genießt keine Rechte, wie es sich im Ehebruch und in der Ehescheidung noch auf höherer Kulturstufe zeigt. Gemäß der älteren Sitte mussten die Frauen die härtesten Arbeiten verrichten, während die Männer der Jagd und dem Fischfang nachgingen, sie mussten selbst Bäume umhauen und Häuser bauen und auch später ließen sich die Helden noch gerne von Mädchen bedienen. So gut als der römische Mann beanspruchte der keltische unbedingtes Strafrecht über Frau und Kinder, und mancher Vater zwang seine Tochter, gegen ihre Neigung zu heiraten oder ledig zu bleiben; mancher Vater glaubte sterben zu müssen, wenn er seine Tochter ziehen lasse, und seine Liebe machte ihn zum Tyrannen.

Wie hart keltische Männer ihre Frauen behandeln mochten, beweist die Sage und Geschichte. Noch zur Zeit Columbans konnten Blaubärte nach der Art Heinrichs VIII. von England ihr Unwesen treiben und ihre Weiber hinrichten. Bretonische Volkslieder stellen den Charakter der Mädchen nicht hoch und berichten von vielen Misshandlungen. Viel Ungemach erfuhr nach der irischen Sage Riannon, die sich selbst ihrem Manne aufgedrängt hatte. Ihren Sohn hatte, während seine Wärterinnen schliefen, nachts ein Geist geraubt, und da diese den Tod als Strafe fürchteten, schoben sie die Schuld auf Riannon, sie habe ihn im Traum erdrückt. Daraus mahnten die Verwandten ihren Mann, sich von ihr zu scheiden; er aber antwortete: „Wenn sie kein Kind gehabt hätte, würde ich mich geschieden haben, so aber will ich ihr eine Buße auflegen: Sieben Jahre lang soll sie den Tag über auf den Steintritt sich setzen, der zum Hofe führt, soll jedem Kommenden ihre Geschichte erzählen und den Gästen anbieten, wenn sie wollen, sie auf ihren Rücken in den Hof zu tragen." Riannon nahm die Buße an, da sie auf den Rat der Weisen sich in keinen Streit mit den Wärterinnen einlassen wollte. In einiger Zeit aber entriss Teyrnon dem bösen Geiste, der auch Tiergeburten stahl, das Kind Goldhaar, wie er es hieß, und da er die Ähnlichkeit mit seinem Vater erkannte, brachte er es an den Hof und die glückliche Mutter nannte das Kind nun Sorgenfrei, Kryderi.

Um Branwen, die Schwester des Königs Bendigeit Brans, warb der König von Twerddon und feierte in dessen Halle Hochzeit. Da ein Stiefbruder Brans dazu kam, ärgerte er sich, dass seine Schwester ohne seine Beistimmung vergeben sei, stürzte sich auf die Pferde des Freiers und seiner Begleiter und schändete sie, indem er ihnen Lippen, Ohren, Brauen und Schwanz abhieb. Den König zu versöhnen, bot Bran ihm Ersatz der Pferde, ferner silberne Ruten, so lang und so dick wie er selbst, eine goldene Platte, so breit als sein Gesicht, und da ihm dies nicht genügte, einen Zauberkessel, der Tote lebendig machte. Auch nachdem der König mit seiner Frau in sein Land nach Twerddon abgezogen, brachten die Besucher aus deren Heimat immer noch Geschenke. Alles umsonst! Der Groll kochte fort und es bedurfte nur einer leichten Schürung der Verwandten, dass er ausbrach. Auf Drängen seiner Leute musste er Branwen einsperren, zur Küchenarbeit verurteilen und brach jeden Verkehr mit ihrem Heimatland ab. Branwen erzog aber einen Staren und lehrte ihm Worte ihres Unglückes, schickte ihn in die Heimat, worauf alsbald ein Racheheer erschien, das sie befreite.

Bronzehalsring mit Gagatanhänger. Collier aus über 1000 farbigen Glasperlen und -ringchen, Verteiler aus Knochen. Grabbeigaben, Kreis Böblingen,.Mitte 7. Jh. bis Mitte 6. Jh. v. Chr.; Württ. Landesmuseum. Foto: privat

In den Honigmonaten, die der Verheiratung mit Enid folgten, verlor der edle Held Geraint alle Lust an Jagd und Kampf, sodass seine Genossen über ihn spotteten. Da jammerte eines Morgens Enid, als ihr Gemahl im Halbschlummer lag, dass er ihretwegen verliege, d. h. durch allzu langes Liegen unbrauchbar werde. Eifersüchtig fuhr er sie hart an, zwang sie ärmliche Kleider anzuziehen und ihn auf Abenteuer schweigend zu begleiten. Im Waldesdickicht und in ärmlichen Kammern musste sie mit ihm schlafen, die erbeuteten Rosse hüten und wenn sie ihm etwas zu sagen wagte, schalt sie der Held hart. Längere Zeit dauerte dieses Leben, bis sich Geraint von der Treue seiner Frau überzeugt hatte.

Starb ein Mann unversehens, unerklärlich, so versammelten sich die nächsten Verwandten und unterwarfen die Frau wie die Knechte der Folter in der auch von den Römern geteilten Voraussetzung, dass sie für das Leben des Herrn haftbar seien. In den Tod mit dem Herrn gingen mit Sklaven und Lieblingstieren auch Frauen und Freunde, wenn sie auch kein Zwang nötigte.

Unbedingter als die Frauen achteten die Kelten die Kinder und legten auf ihre Erziehung viel Gewicht. Innerhalb eines Stammes wurden die Kinder möglichst gemeinsam erzogen; die Kinder des Häuptlings kamen in die Familien der Untergebenen, in einem gewissen Alter aber alle zusammen an den Hof des Häuptlings. Solange die Kelten ihre Selbstständigkeit genossen, legten sie das Hauptgewicht auf Kriegstüchtigkeit. Erst wenn die Söhne die Waffen zu führen verstanden, durften sie vor das Angesicht ihres Vaters treten. Ihre Pflegeeltern ehrten die Kinder gleich den wirklichen Eltern. Zwischen Milchbrüdern und Milchschwestern bestand fast kein Unterschied; eher hasste der Kelte seine wirklichen Verwandten, als seine Pfleglinge und Milchbrüder. Aufziehung, Erziehung und Unterricht, Eideshilfe und Kampfeshilfe, in der christlichen Kirche die Patenschaft, schuf wie die natürliche Geburt eine Art Verwandtschaft und begründete die heilige Pflicht zur Hilfe in jeder Not. Auf dem engen Famlienzusammenhang, der sich bis ins vierte Geschlecht erstreckte, beruhte noch bis in die Neuzeit herein die soziale Ordnung, wie ein Bischof auf dem Konzil von Trient noch hervorhob.

8. Das keltische Geschlechtshaus

Ihr reger Familiensinn trieb die Kelten zu engem Zusammenwohnen in großen Geschlechtshäusern: Der Familiengeist verkörperte sich im eigenartig keltischen Haus, das auch Germanen übernahmen, obwohl sie der Familiensinn viel weniger beherrschte. Es war, wie gesagt, ein Schiffhaus, wie es einem Volk entspricht, das dem Ackerbau zuneigt, ein großer quadratischer Holzbau mit einem Satteldach, das auf einem Gerüst von 6 geraden Stämmen ruhte.

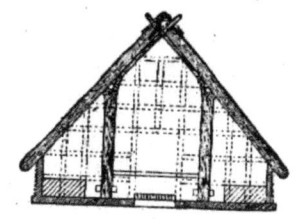

Von je 2 gegenüberstehenden Stämmen wurden die oberen Enden oder Äste in Spitzbogengestalt gegeneinander gebogen und zusammengebunden und auf ihrer Kreuzung ruhte der Firstbaum. Die Stämme, Säulen, Gabeln (*gavaels*), Furten (*fyrch*) bildeten das Hauptschiff und ließen zu beiden Seiten Nebenschiffe unter den Überhängen des Daches frei. Der in der Mitte stehende Gabelbogen teilte die Nebenschiffe in vier Gavaels oder Abteilungen und jeder Gavael zerfiel in vier Randirs, Gwelys oder Betten, jedes für eine Familie; das ganze Haus war also für sechzehn Familien bestimmt. Solches Zusammenwohnen findet sich auch bei anderen Völkern, wenn auch in dieser Regelmäßigkeit nur noch bei den Slawen. Denn es bot den Geschlechtsgenossen Schutz und Sicherheit, die Hauptsache unter den einfachen, rauen Verhältnissen der Urzeit, was nicht genug betont werden kann. Mochte das Herrenhaus auch nur aus Holz bestehen und mochte auch nur ein Zaun um die Siedlung laufen, so musste umso lebhafter die Wachsamkeit des Herrn und seiner Knechte sorgen. In dem Haupthaus konnte an sich auch

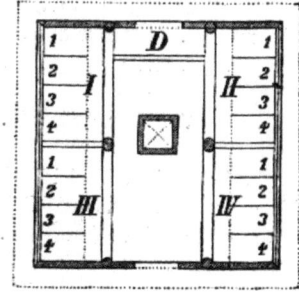

Oben: Dachstuhl des keltischen Stammhauses. Unten: Grundplan eines keltischen Stammhauses bzw. Häuplingshauses. In der Mitte steht der Herd, daneben erhebt sich die Dachgabel, deren obere Hälfte der obige Dachstuhl zeigt (Meitzen).

Vieh stehen, aber in größeren, reichen Häusern fand es seinen Platz in eigenen Räumen, im Viehhof, woran sich Scheuern, Rundhütten der alten nationalen Art für Knechte und andere Wirtschaftsräume anschlossen. Die Haus- und Familieneinteilung übertrug sich auf das zugehörige Weidevieh, auf das Weide- und Ackerland. Herde, Land und Haus entsprach sich genau; auf Land- und Hausrecht ruhte die Genossenstellung; der Mann mit gebrochenem Karren, der Hauslose, war auch landlos, rechtlos.

Freilichtmuseum Heuneburg: Rekonstruiertes Herrenhaus.
Von LepoRello - LepoRello, CC BY-SA 3.0,
https://commons.wikimedia.org/w/index.php?curid=8045779

Zu jedem Hof gehörte ein bestimmtes Gebiet, das nach der Ansiedelung und Einfriedigung Zaunland, Townland hieß. Je stärker die Familien anwuchsen, desto mehr Land musste dem Ackerbau zugeführt werden, wenn der ursprüngliche Umfang von etwa 480 Acres reichen sollte. Das Land musste die Gesamtheit bebauen und noch später, als der Ackerbau blühte, erinnert das Runrigsystem daran, wo der Landbesitz von Zeit zu Zeit an die einzelnen Geschlechtsglieder gleichmäßig verteilt, verlost wurde; denn Runrig heißt wohl ursprünglich Teilungslos. Das Townland wurde für 16 Familien in 16 Hufen verteilt und zwar zunächst in 4 Viertel oder Quarter entsprechend den 4 Gavaels des Herrenhauses mit je 120 Acres, und jedes Viertel zerfiel in 4 Hufen oder Tates, entsprechend den 16 Randirs oder Lagern des Herrenhauses.

Jeder Familienvater erhielt eine Hufe mit 30 Morgens ein sehr verbreitetes Hufenmaß, das in gewissem Sinn schon die Römer kannten, das aber im Norden nur für die notwendigsten Bedürfnisse reichte. Nach einer andern Bestimmung mussten nur für Unfreie, die Taeogs, 30 Morgen reichen, während Freisassen viel mehr erhielten. Dazu kam der Genuss des Weidelandes in weitem Umfang.

Als Zubehör des Hauses geriet das Grundeigentum, richtig gesagt, die Nutzung an dem unbeweglichen Gemeineigentum in die Bewegung des Lebens hinein, unterlag den Wechselfällen der Wirtschaft und ließ die Vererbung und Teilung zu. Das Haus vermittelte zwischen beweglicher und unbeweglicher Habe und übte, an sich zur Fahrhabe (= bewegliche Sachen) gehörig, auf das Grundeigentum Einfluss, wurde zum Träger des Vererbungsgedankens und entfaltete als fruchtbarer Keim das Erbrecht. Blieben nach dem Tode der Eltern die Kinder und ihre Familien im gleichen Haus beisammen, so bedeutete das soviel als gemeinsame Nutzung des Landes, Zusammenarbeit, auch wenn sie die Fahrhabe teilten; schieden sie aus und bezogen gesonderte Siedlungen, so mussten sie, sofern sie kein Neuland besetzten, das alte Land teilen und beobachteten hierbei verschiedene Regeln, pflegten Stammteilung und Kopfteilung und stuften die Anteile ab. Höher hinauf in die Urzeit reicht wohl die Kopfteilung, da sie eine ungeteilte Hausgemeinschaft voraussetzt, wo Söhne und Enkel beisammen saßen. Daher bestand in Irland bei den nächsten Nachkommen, bei der Geilfine, der Handfamilie Kopfteilung, d.h., das Gut zerfiel in so viele Teile, als es Köpfe zählte. Entstanden Ungleichheiten im Grundbesitz, so suchte man immer wieder auszugleichen. Fehlten Nachkommen, so wurden die Vaters-, Großvaters- und Urgroßvatersparentel, die Deirbfine, leibliche Familie, die Jarfine, Nachfamilie, Innfine, Endfamilie berufen, und zwar zusammen mit abgestuften Teilen-. Die Teilung nach Sippen, Stämmen, Generationen, Parentelen entspricht mehr solchen Zuständen, wie sie bei den Germanen bestanden, wo die Hausgemeinschaft nicht allzu lange dauerte und sich Sonderfamilien bildeten. In Wales brachte ein Grad näher das Doppelte an Rechten, aber auch an Pflichten, und zwar stand die Männerseite immer einen Grad näher als die Weiberseite. Viel hing bei der Erbteilung davon ab, wie viel die Erben an Ansehen und Macht in die Waagschale legen konnten.

Merkwürdigerweise erkannten die Kelten das Recht der Erstgeburt selten an, häufiger ein Recht des Letztgeborenen, die Maisneté, Quevaise, das namentlich dann eintrat, wenn die erstgeborenen Söhne schon bei Lebzeiten der Eltern versorgt waren. Von der Fahrhabe erhielt in Wales der jüngste Sohn den Kochkessel, die Holzaxt, das Pflugmesser, die Harfe und das Schachbrett, in Irland der älteste Sohn das Haus, das Braufass, Töpfe und Krüge. Dies war aber Ausnahme, in der Regel fiel die Herdstatt und der Hof dem jüngsten Sohne zu. Auch in der Bretagne war der jüngste Sohn bevorzugt. Die Hintansetzung des Erstgeborenen erklären manche Forscher aus unsittlichen Gebräuchen, die dessen Abstammung dem Zweifel aussetzten, aber wohl mit Unrecht. Viel eher spielten religiöse Gründe mit, die Besorgung des Ahnendienstes, der an dem Besitz der Herdstatt haftete. Zum Haus, zur Familie, zur Hausgenossenschaft rechneten die Kelten nicht bloß die Verwandten, sondern auch Knechte, Zugewanderte, Angenommene und unterschieden nicht zwischen Haus und Familie oder Sippe wie die Römer und Germanen; ja sie ließen die Familien zu Tribus, zu Hundertschaften anschwellen und erweiterten sie noch durch die Gefolgschaft, Eideshilfe, Kampfhilfe. Aus der Familie wuchs die Markgenossenschaft, aus ihrer Nachbildung die Grundherrschaft heraus. Daher bezeichnet das irische Hi und Mac Stamm und Dorf.

9. Keltische Grundherrschaften

Gefolgschaften

Familienkommunismus und Feldgemeinschaft ist für einfache Verhältnisse wohltätig, er gewährt Ordnung, schließt die Leute notdürftig zusammen, verhindert Ungleichheit, Streit und Rechtlosigkeit. Aber er hemmt auch die individuelle Unternehmungslust, er opfert die Freiheit der Gleichheit. Freieren Männern werden diese Bande zu enge, sie wollen herrschen und besetzen immer mehr Land, das sie als festes Eigen ansprechend, unfreie Menschen aber geraten in immer stärkere Abhängigkeit und vermischen sich mit dem unfreien Urvolk oder mit Knechten. Daher wachsen in und neben den Haus- und Feldgenossenschaften überall Herrschaften empor, dort mehr, hier weniger.

Jede Gemeinschaft bedarf der Führer, der Schützer, der Vorstände, der Häuptlinge. Dem Stärksten, Klügsten fällt von selbst hohes Ansehen, Reichtum und Macht zu, und zwar umso mehr, je unsicherer die Zustände sind. In der Sage ringen die Helden und Häuptlinge fortwährend um den Vorrang, denn die Rangordnung drückte sich in allen Äußerlichkeiten aus, in verschiedener Gewandung, bei der Tafel in der Zuteilung der Speisen, bei den Fahrten in verschiedenen Wagen. Wer sich hintangesetzt glaubte, griff zum Schwert und das Blut floss mit dem Met, und noch verschärft wurde der Kampf, wenn die Frauen eingriffen und um die Ehre ihrer Männer stritten. Je mehr Männer einer beim Mahl getötet hatte, desto mehr bildete er sich ein. Bei diesen Zweikämpfen ging es meist mehr als um das Heldenstück, nämlich um Hof und Land; wer sich überwunden geben musste, der wich und so zogen mutige Helden abenteuerlustig aus, sich eine Häuptlingsstelle zu erfechten oder gestützt auf ihren Arm von mächtigen Königen als Gefolgsleute ausgenommen und mit Land ausgestattet zu werden. Manchmal erhob sich zwischen den Gliedern einer Familie ein heftiger Streit, den nicht die Wahl der Untergebenen, sondern der Zweikampf endigen musste. So hören wir aus Spanien um 206 v. Chr., dass zwei Brudersöhne um die Herrschaft kämpften, Korbis, der Sohn des Erstgeborenen und früheren Herrschers, und Orsua, der Sohn des eben verstorbenen Königs, der denn auch im Kampf unterlag. Gewöhnlich bestimmte eine Verbindung von Erblichkeit und freier Wahl, die sogenannte Tanistry, die Nachfolge in der Häuptlingswürde. Wer sich unter den Söhnen eines Häuptlings besonders hervortat, der konnte auf die Zustimmung und Wahl der Genossen rechnen.

Freie Hingabe ergänzte die Ordnung, eine freie Unterordnung war notwendig, um Ordnung, um Frieden überhaupt anzubahnen. So entstanden Männerbünde, Friedensbünde, Hetairien, wie sie die Griechen nannten, die

aber leicht zur Dienstbarkeit führten; die Freunde, die Genossen, die Begleiter wurden zu Dienstmannen, Klienten, Ambakten, Soldurien (eigentümlich
keltische Worte, irisch Ceile). Nach dem Vorbild der Familie eingerichtet,
ließen diese Bünde gerne den Herrn als Vater, die Gefolgsleute als Söhne
erscheinen. Solche künstliche Familien, Sippen, die dem Einzelnen Recht
und Schutz, Hilfe und Rache, Lohn und Gewinn gewährten, konnten sich
innerhalb eines bestimmten Gebietes viele bilden, oft mochten ihre Gebiete
ineinandergreifen. Es war in gewisser Hinsicht ein vollständig freies Verhältnis trotz des Zwanges, den die Umstände ausübten. Daher hören wir von
alten Schriftstellern viel von Wahl, von freiem Anschluss neben Äußerungen des Druckes und des Zwanges.

Das gemeine Volk, sagt Cäsar, sieht man als Knechte an, es kann nichts
unternehmen, wird zu keiner Beratung zugezogen. Offenbar war die Knech-
tung stärker als bei den Germanen. Die meisten aus seiner Mitte, fährt Cäsar
fort, von Schulden, übergroßen Abgaben, oder durch die Mächtigeren
bedrängt, ergeben sich in die Dienstbarkeit des Adels, der gegen sie die
nämlichen Rechte hat, wie der Herr gegen die Sklaven. Je vornehmer und
mächtiger einer ist, desto mehr Dienstleute und Schutzbefohlene, Klienten
hat er um sich, bis zu zehntausend; umgaben doch auch manche Frau Scharen von Dienerinnen, oft fünfzig, wie die Sage berichtet.

Unter den Dienern standen obenan die Mitkämpfer, Schild- und Schwert-
träger, sodann auch Sänger, Barden und Priester. Überall hin begleiteten sie
den Herrn, in Kampf, Krieg und Tod, — den Herrn zu überleben, schändete
sie —, sie gingen mit zu Gesandtschaften und Mahlen, weshalb sie auch die
Herumgetriebenen, Ambakten, genannt wurden. Bei den Mahlen standen
die Schildträger hinter ihrem Herrn, die Speerträger saßen gegenüber und
ein Fußträger lag wohl zu Boden und wärmte die Füße des Herrn in seinem
Schoß; manchmal leistete ein Mädchen diesen Dienst. Der Fußwärmer aß
aus dem nämlichen Teller wie der Herr und in reicher Kuhspende bestand
sein Lohn. Nicht minderer Ehre genoss der Wagenlenker des Helden, der
für die Ehre seines Herrn einstand. Bei allen Gelegenheiten, so bei Hochzei-
ten, mussten die Helden reichliche Gaben spenden, namentlich Rinder und
Rosse.

Die Barden sangen sein Lob wie das Lob der Gäste und Wirte; Ruhmgier bildete ja eine tiefe Schwäche der Kelten und durch Bardengesang erreichten die Gesandten leicht ihr Ziel. Daher wimmelte es von Barden und
viele mussten zum Bettelstab greifen. Einen mächtigen Helden schildert der
Gesang als kühnen Eber, fleischfressenden Raben, als Schilddogge, fressen-
des Feuer, Günstling der Frauen; sein Leib ist rot oder schwarz von Blut,
seine Haut gefurcht von Narben; er bringt Friede den Burgen, schützt edel
den Leibeigenen, siegt über böse Geister; niemand gleicht dem Löwen des
Tales.

Auf der Gefolgschaft beruhte die Macht eines Häuptlings; nur diese Macht, dieses Ansehen, sagt Cäsar, kennen sie, und eine große Gefolgschaft hob natürlich den mächtigen Herrn hinaus über alle staatlichen Zusammenhänge; auf sie gestützt, konnte er Volksansprüche und Volksrechte verachten, dem König sich widersetzen. Das Parteiwesen vereitelte jeden umfassenden Zusammenschluss, eine eigentliche Staatsbildung und eine monarchische Zusammenfassung des Volksganzen. Dies zog ähnliche Folgen nach sich, wie die Zersplitterung des Mittelalters: Friede und Wehrgeld musste die Rechtsordnung ersetzen und die Masse des Volkes fronte dem Adel.

Hörigkeit

Mit der öffentlich rechtlichen Stellung der Häuptlinge verband sich die privatrechtliche, da öffentliches und privates Recht sich nicht unterschied. Die politische Abhängigkeit hatte zur Folge und Voraussetzung eine ökonomische. Die Geschlechtshäuptlinge leiteten die Wirtschaft, den Weidebetrieb, verteilten das Vieh und wiesen das Land an.

Die häufigen Geschlechtsfehden vermehrten noch die Macht der Häuptlinge, indem sie ihnen reiche Beute brachten und die Fehde manchen Mann friedlos machte. Der landlose, hauslose Mann, der Fuidhir, der Mann mit gebrochenem Karren war auch rechtlos; nur drei Tage durfte er zur Not irgendwo bleiben, dann aber musste er, wollte er Verdacht vermeiden, entweder weiterziehen oder sich einem Mächtigen ergeben, dem König oder einem Herrn Treue schwören und in dessen (Vor-)Muntschaft Ersatz suchen für die Familienmunt. Je nach seiner früheren Stellung und andern Umständen nahm der Zugewanderte einen höheren oder niederen Rang ein; daher schillert noch im Mittelalter der Begriff *hospes* sehr stark.

Im Allgemeinen mussten bei den irischen Kelten die Fuidhirs die unterste Stufe einnehmen unter den Sencleiths, Kötern, Botachs, *bordarii, cotarii* (von *cote, both* Hütte). In diesen Klassen unterschied man wieder zwischen Saers, Freien, die freiwillig in ihr Verhältnis eintraten und weniger zu leisten hatten, als die Daers, die Unfreien. Die freiwillig eintretenden Fremden hießen *Saer Fuidhirs*, unfreie gefangene Knechte *Daer Fuidhirs*, die *Saer Botachs* waren bessere, die *Daer Botachs* geringere Köter, die *Saer Ceile* freie Vasallen, die *Daer Ceile* unfreie Ministerialen, jene *freeholders*, diese *copyholders*.

Den Unterschied zwischen Freien und Unfreien hob die öffentliche Schätzung, das Wergeld, und die Sitte z. B. die Kleiderordnung scharf hervor: Für einen Unfreien bezahlte man in Wales gar kein Wergeld, sondern nur den Sachwert, 6 Kühe oder 360 Pfennige, wenn man ihn erschlagen hatte. Zehnmal mehr, 60 Kühe oder ein Schock, galt der Gemeinfreie, 120 der Edelmann, 180 der Häuptling. Indessen ermäßigte die Kluft zwischen Freien und Unfreien der Umstand, dass der Adel keinen geschlossenen Stand im späteren Sinne bildete und dass der Adelige seinen Hörigen näher stand als dem Häuptling eines andern Stammes. Erst mit dem Wachstum der Kultur erweiterte sich die Kluft. Zur Not mussten auch Vornehme den Pflug in die Hand nehmen oder durch ihrer Hände Werk ihren Unterhalt gewinnen; so treten heruntergekommene und vertriebene Edelleute in der Sage als Sattler, Schuster, Schmiede auf und erregen durch ihre Kunstfertigkeit den Neid ihrer Zunftgenossen.

Die ältesten Zustände ließen zwar der Willkür mehr Raum, aber erst höhere Kultur gestattete eine starke Ausnützung. Daher ließ der Ackerbau, der an sich die Gleichheit begünstigte, den Druck stärker anwachsen, wie wir das schon bei Cäsar merken, der nach römischen Begriffen von einer großen Verschuldung spricht. Die Häuptlinge und Adelige verwandelten sich in Grundherrn, die Abgaben der Geschlechtsgenossen in Pachtgelder, kurz das Patriarchalverhältnis in ein drückendes Feudalverhältnis, nachdem sich Verwandtschaft und Beziehungen längst verwischt hatte. Daher nannten die Schotten die Grafen große Maier. Mit Rücksicht auf diese Machtsteigerung der Grundherrn und Häuptlinge konnte Hieronymus wohl Britannien als fruchtbare Erde für Tyrannen bezeichnen.

Genossenschaften

Die Zaunländer der Markgenossen, die Townlands, Townships verwandelten sich in Fronhöfe. Nicht als ob alle Spuren einer Genossenschaft verschwunden wären; in der Regel dauerten sie auch unter der Feudalhoheit und Grundherrlichkeit fort; ja es bildeten sich oft unter Hörigen erst Genossenschaften und daneben erhielten sich freie Genossenschaften in größeren Kreisen, Tuaths, mit eigenartigen Versammlungen. Daher begegnet uns die Feldgemeinschaft noch tief im Mittelalter und in einzelnen Spuren noch in der Neuzeit, so im Runrigsystem. Hier unterlag der einzelne Ackerstreifen *rig* oder *ridge* gleich einem *acre*, einem *erw*, einem fortlaufenden Besitzwechsel, einem *run*, und die Stücke wurden entweder verlost oder nach der Leistung bemessen. In Irland unterschied man eine Klasse solcher, die nur den vierten Teil einer Pflugeinrichtung, also einen Ochsen, einen Stachel, einen Zaum lieferten, ferner solche, die einen ganzen Pflug stellten und bemaß darnach die Größe der Wohnung, des Landes und die Abgabe. Nach einem Gesetz bekam der Pflüger einen Acker, wer das Eisen stellte, der Schmied einen zweiten, der Treiber und wer einen Ochsen stellte, je einen Acker. Je 12 taten sich auf eine solche Weise zusammen zur Bestellung von 12 *erws* oder *acres*, was sich daraus erklärt, dass das Beackern von jeher große Gespanne erforderte. Das Bejäten, Eggen, Reuten besorgten die Einzelnen.

Zu einer vollständigen Niederlassung, einem Tref rechnete man in Wales neun Gebäude, einen Pflug, einen Ofen, ein Butterfass, eine Katze, einen Hahn, einen Stier, einen Hirten, einen Schmied. Zwei öffentliche Wege mussten es kreuzweise durchziehen, von jeder Wohnung musste ein Fußsteig zur Kirche, ein zweiter zum Brunnen und ein Viehweg, sieben Fuß breit, zur Gemeindeweide führen. Dem Wächter, der mit dem Horn die Leute zur Versammlung entbot, standen alle Wege offen. Bei grundherrlichen Dörfern waltete der Maier über den Wirtschaftsbetrieb, während Pfleger, Kanzler, Stewarts, Reeves, die rechtlichen Beziehungen regelten.

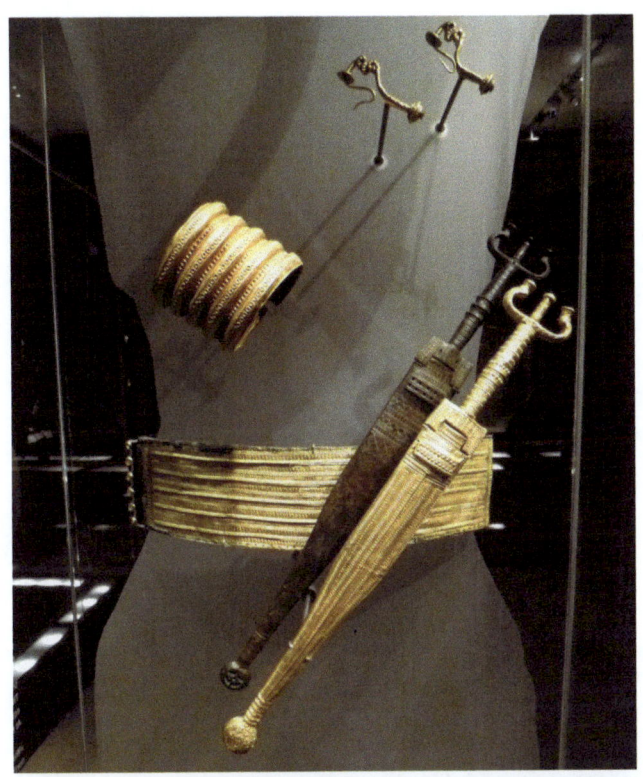

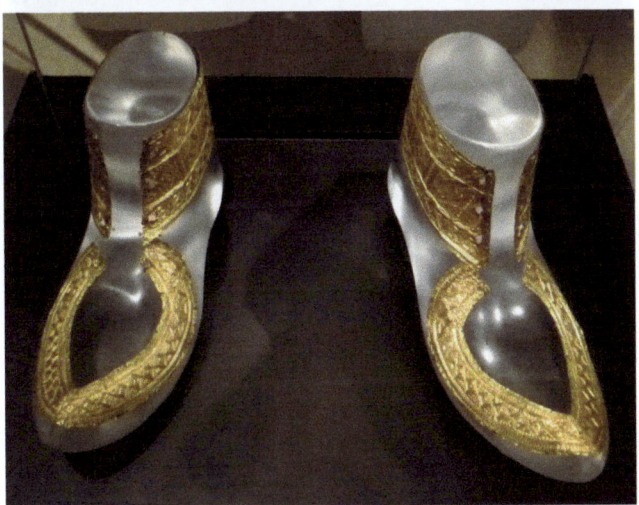

Oben: Goldschmuck und mit Gold überzogener Dolch des Hochdorfer "Keltenfürsten". Unten: Goldverzierung des Schuhwerks. Württ. Landesmuseum. Fotos: privat

Vierrädriger Prunktwagen aus dem Fürstengrab von Hochdorf (Späte Hallstattkultur, HaD, etwa 650 bis 475 v. Chr.). Württ. Landesmuseum. Foto: privat

Detail vom Löwenkessel aus Bronze, der im Fürstengrab von Hochdorf gefunden wurde. Der Kessel enthielt nachweislich Met aufgrund aufgefundener Pollenspuren. Württ. Landesmuseum. Foto: privat

10. Größere Verbände der Kelten

Königtum

Wie alle Völker hatten auch die Kelten innerhalb ihrer Gaue gewisse Vororte, Rückzugsburgen, wo sich die Häuptlinge und Freien versammelten, Götter verehrten und Waren tauschten, und daraus entstanden Städte, die den Namen des Gauvolkes erhielten. Solche Städte entwickelten sich dank dem Gewerbefleiß und Handelsgeist der Kelten rasch, rascher als bei Germanen und Slawen. Zunächst übten auch in der Stadt die Grundherren den Haupteinfluss aus, umso mehr, als die Stadt in erster Linie zum Versammlungsort der Häuptlinge, der Freien, zur Tingstätte diente und der Handwerker hofhörig war. Zwischen den Stadtobersten und Gauobersten, beide Prinzipes oder Häuptlinge genannt, bestand so wenig ein Unterschied als zwischen dem Gausenat und dem Stadtsenat. Mochten aber in diesen Orten die Häuptlinge auch immer noch die Hauptmacht ausüben, so konnten sie ihre Macht doch nicht in gleicher Weise geltend machen wie auf dem Land, und es entstanden demokratische Strömungen und Parteiungen, die sich um Adelige scharten. Partei stand gegen Partei im Kleinen und Großen und der demokratischen Strömung begegnete die monarchische, richtiger gesagt tyrannische. Denn einer einheitlichen Zusammenfassung widerstrebten die beweglichen Kelten, und so konnte sich kein Staat bilden. Unter allen Völkern fehlte den Kelten am meisten der Staatssinn, sie konnten wohl Staaten zerstören, aber keine aufbauen.

Zwar tauchten auch bei den Kelten Führer, Volksfürsten, Hegemonen, Könige immer wieder auf, unter patriarchalischen Verhältnissen wie unter kriegerischen, und fehlte das väterliche Königtum, das an der Schwelle der Geschichte Athens und Roms steht, den Kelten so wenig als das Militärkönigtum. Bei ihren Eroberungen, Wanderungen führten Könige, Rige, Brenne oder Bergobrete genannt, die Gallier an. Aber ein König fand nur sehr widerwilligen Gehorsam; nur als Wahlkönig, Gewaltherrscher, Soldatenkönig, gestützt auf ein großes Gefolge, konnte er sich halten. Nicht ohne Grund hieß ein König Orgetorix, König der Totschläger. Selbst mit gewaltsamen Mitteln nach der Krone zu streben, galt als ein Verbrechen, das nur der Feuertod zu sühnen vermöge, und wenn ein König nötig war, wählte man ihn nur auf kurze Zeit, etwa auf ein Jahr. Entweder setzte man einen Herrscher dem Herrscher entgegen oder stellte dem Volkskönig, wie bei den Briten den Gaukönigen, einen Nachfolger als Stellvertreter Tanist zur Seite, der alle Handlungen des Königs überwachte und dessen Tätigkeit lähmte, in Wales noch neben Häuptling und Stellvertreter den Rächer, der Unrecht verfolgte. Manchmal kamen zwei Könige überein, gemeinsam die Herrschaft zu führen, im selben Palast zu hausen, ähnlich wie etwa in geschichtlicher Zeit Theoderich und Odoaker, Ludwig der Baier und Friedrich der Schöne beisammen saßen; oder Brüder, eheliche und uneheliche, teilten die Herrschaft.

Pwyll der Herr von Dywed stieß auf der Jagd auf den König Arawn und dieser bot ihm Freundschaft und seine Frau an, wenn er ihm helfe, ein strittiges Gebiet zu erobern. In seine Kleider gehüllt, in seine Gestalt verwandelt möge Pwyll sich seinem Feind zum Zweikampf stellen und ein Jahr lang Herr sein in seinem Haus, Pwyll ging darauf ein, schlug den Gegner, verzichtete aber auf die Liebe der Frau, was den heim-

Sandsteinstatue des Glauberger "Keltenfürsten", Wetteraukreis.

kehrenden Arawn zur größten Freundschaft bewog, so dass er ihn an der Regierung teilnehmen ließ.

Der gesamte Adel wollte mitsprechen und nicht nur der Adel, sondern auch die Druiden ließen einen König nicht zu mächtig werden. Die gallischen Könige, sagt ein Alter, waren auf ihren goldenen Stühlen, umgeben von dem Glanz des Königtums, doch nur untergebene Diener ihrer Priester: Ohne deren Willen durften sie dem Volk keinen Gegenstand zur Beratung vorlegen. Wohl unter dem Einfluss der Druiden, die eine geschlossene Macht in der Zersplitterung des Volkes bildeten und als Wahrer der Überlieferung über die Gesetze wachten, traten allgemeine Landtage zusammen, wo die Vertreter von verschiedenen Städten und Territorien zusammenkamen. An der Loire, sagt ein römischer Dichter, reden Bauern und fällen Urteile. Um sich zu halten, durften die Könige an Gaben und Ehren nicht sparen. Bei den Briten, berichtet ein Römer etwas übertreibend, darf ein König nichts sein eigen nennen, nicht einmal eine Frau, und alles teilt Volk und König mit einander. Nach einer irischen Sage erheben die Dienstmannen, die Fenier, des Königs Cairbe einen eigentümlichen Anspruch auf seine Tochter.

Freigebigkeit gegen seine Gefolgsleute gegen Barden und Druiden, glanzvolles Auftreten gehörte zu den wesentlichen Erfordernissen eines Herrn. So vernehmen wir von einem König der Arverner, er habe sich auf einem Wagen durch das Land führen lassen und, um die Volksgunst zu erwerben, Gold und Silber an Tausende von Kelten ausgeteilt, die sich an ihn drängten. Ein Dichter, der ihm begegnete, sang ein Loblied auf ihn und da ihm der König ein Goldsäckchen zuwarf, pries ihn der Dichter: *„Die Furchen, die die Räder deines Wagens ziehen, lassen Gold und Gaben für die Menschen aufsprossen"*. Wenn der rechte König auf dem Thron sitzt, dann sind nach der irischen Sage die Jahreszeiten mild, die Kühe geben Milch im Überfluss, die Erde ist voller Früchte, die Flüsse voll Fischen und die Bäume brechen unter der Last ihres Ertrages. Unter einem Tyrannen aber gedeiht nichts, die Erde bleibt fruchtlos.

Strafrecht

So erkannten die Kelten die Wohltaten größerer Verbände, einer starken Einheit wohl, obwohl sie allem Zwang widerstrebten, und riefen Friedensordnungen ins Leben. Zwar überwog die Selbsthilfe, die Pfändung, die in verschiedener Form auf alle möglichen Fälle des Lebens Anwendung fand und in das Gesetzesrecht hineinreichte. Vergehen und Verbrechen machten die Beteiligten und ihre Familien unter sich aus, und wenn ein Verbrecher für Tötungen, wie für Verwundungen eine Buße zahlen musste, trat das Geschlecht für den Täter ein. In demselben Grade und Maße, wie das Erbrecht die Verwandten berief, regelte sich in Wales die Verpflichtung zur Beisteuer am Wehrgeld; je entfernter einer verwandt war, desto geringer war seine Verpflichtung. Wenn ein Übeltäter seine Verwandten nicht kannte, so durfte er jeden Begegnenden schwören lassen, dass er nicht mit ihm verwandt sei; wer sich weigerte, musste ihm einen Speerpfennig geben. Allein daneben schritt die Gesamtheit gegen Verbrechen ein, die nicht bloß die Beteiligten erregten, gemeine Verbrechen, wenn man so sagen will, so gegen Unzucht, Feigheit, Gottlosigkeit und, was den Kelten besonders eigentümlich ist, gegen Diebstahl, während bei den Germanen wie bei den Römern der Diebstahl der Privatabmachung überlassen blieb. Außerdem galt als todeswürdige Verbrechen das Töten eines Fremden, das Nichterscheinen auf dem Kampffeld, das Streben nach der Königskrone. Infolge davon häuften sich die Todesstrafen, die außer mit dem Messer oder dem Schwert, durch Feuer, durch Pfeilwürfe, am Pfahl oder Kreuz vollzogen werden konnten, und zwar gewöhnlich von den Druiden an Götterfesten, indem das Leben des Verbrechers als Sühne der beleidigten Gottheit zum Opfer fiel. Zur Ermittlung der Verbrecher dienten Gottesurteile, wie bei anderen indogermanischen Völkern, außer dem Eid und der Eideshilfe namentlich der Zweikampf, für den die Kelten überhaupt eine große Leidenschaft besaßen; entschieden doch selbst Bewerber um die Häuptlings- oder Königswürde ihren Streit durch Zweikampf. Vielleicht dienten auch Wasser- und Feuerproben dazu, die freilich erst spätere Quellen bezeugen. Die Sage kennt noch verschiedene andere Gottesurteile, Ringe, die den falschen Mann stechen, Becher, die in seiner Hand springen, Lossteine u. a. Halb ein Gottesurteil, halb einen Rechtsgang gleich dem germanischen Einlager stellte die Sitte dar, den Gegner, zumal einen reichen Schuldner, durch langes Fasten, Stehen vor seinem Haus, zum Nachgeben zu zwingen.

Druiden und Druidinnen sammeln die heilige Mistel

Druiden weihen Schwerter vor einem Kampf

11. Keltischer Priesterstand

Stufen

Wenig Völker entbehren der Priester, der Zauberer und Sänger, aber selten stehen die Priester so mächtig da und greifen so tief ein in das Volkstum, wie bei den Kelten, was auch Griechen und Römern auffiel. Musik und Kunst adelte einen Mann. Der Barde, der Schmied, der Wissende war frei, wenn auch unfrei geboren, frei von Staatsabgaben und vom Kriegsdienst. Ohne Priester, ohne ihre Weisen, berichtet ein Grieche, opfern sie nicht. Denn sie sagten, man dürfe den Göttern keine Opfer bringen, als durch sie, die ihre Sprache verstehen, und könne nur durch sie erbeten, was man wünsche. Wohl übten die Priester kein Recht über Leben und Tod, aber wer ihnen nicht folgte, den traf ihr Bann und schloss aus von allem Verkehr und von allen Rechten. Sie sammelten sich ungeheure Reichtümer und kamen in den üblen Ruf der Wucherer.

Wie die alten Philosophenmönche zeichneten sie sich durch eigene Lebensweise und ein gewisses Zusammenwohnen aus, enthielten sich der Ehe wenigstens im Sinne der unten zu erwähnenden Bacchuspriesterinnen und trugen ein auszeichnendes Gewand mit Sinnbildern. Während die Volksgenossen farbige Gewänder und reichen Goldschmuck liebten, war ihre Tracht wahrscheinlich weiß, bei den Briten schwarz, ihr Haupt mit Eichenlaub bekränzt oder der Vorderkopf, wie bei den Briten geschoren, was ihnen den Schein des Alters verlieh. Die irischen Mönche haben nachmals ihr Haupt ähnlich geschoren. Symbole wiesen auf ihre Würde hin; nur wissen wir wenig über ihre Art: Vielleicht kennzeichnete sie Stab und Zepter in der Hand, Halbmond und Schlangenei am Gewand, der Druidenfuß, das Pentalpha an ihren Schuhen. Je nach der Stufe, auf der ein Druide stand, fügten sich der Tracht Besonderheiten an. In einer irischen Sage tragen die Barden Purpurmäntel, die Druiden dazu noch ein Diadem am Haupt und einen ehernen Schild. Der Zutritt zum Druidentum stand offen, so nahe die Kastenbildung lag. Der Orden gliederte sich in mehrere Klassen oder Stufen, auf denen einer emporstieg, wenn er nicht stehen blieb. Die unterste Klasse bildeten die Sänger, die Barden, gekennzeichnet durch die Harfe und Bardokukulle, eine zweite Stufe die Wissenden, Wahrsager, Zauberer, die Faiths, Vates oder Ovatess, vielleicht auch Veletes, irisch File genannt, zugleich Physiker, Geometer, Astronomen, Grenzhüter, Feldmesser, gekennzeichnet durch ein Zauberwerkzeug. Auf der obersten Stufe standen die Druiden im engeren Sinne, d. h. die Hochweisen oder die Eichenmänner. Und an ihrer Spitze ein Oberpriester, Oberdruide, eine Art Archimagier. Da er viel Macht besaß, entbrannte um das Amt, wie um die Häuptlingswürde oft ein heftiger Streit, den Wahl oder Zweikampf endete.

Neben oder richtiger außerhalb des Druidenordens traten Druidinnen, Priesterinnen, Zauberinnen auf, erlangten aber lange nicht die Bedeutung, wie die Druiden. Solche Druidinnen flammten, mit den Druiden im Bunde, auf der Insel Mona das Heer an, als es gegen die Römer kämpfte. Auf der Insel Sena erteilte ein Frauenverein Orakel und übte Zaubermacht. Mitten in der Loire endlich dienten Priesterinnen dem Bacchus; kein Mann durfte ihre Insel betreten; wenn sie ihre Männer besuchen wollten, schifften sie ans Land und kehrten nach dem Besuch bald wieder zurück.

Ursprung

Nur in England und Frankreich zeigt sich der keltische Priesterstand in großer Macht organisiert, und es ist zu vermuten, dass die Priester zu dieser Ausbildung und Ausgestaltung erst gekommen sind, nachdem sich die Kelten bereits über Spanien, Italien, teilweise auch über Asien verbreitet hatten; daher liegt es nahe, an äußere Einflüsse zu denken, die diese Entwicklung beförderten. Allerdings lässt sich nichts Sicheres darüber ausmachen, da sich die Berichte der Alten widersprechen. Nach den einen wäre die Weisheit der Druiden eine selbst erfundene, von innen heraus entwickelte, und Britannien, die Toteninsel, ihre Heimat gewesen und sie selbst wären dasselbe gewesen, was bei den Persern die Magier, bei den Babyloniern die Chaldäer, bei den Indern die Gymnosophisten oder Brahmanen. Die Kirchenväter teilen diese Anschauung und rühmen ihre Weisheit; ein ferner Nachruf liegt in der mittelalterlichen Erklärung der drei Weisen oder Magier aus dem Morgenland als Druiden. Man könnte auch an die Orden, Priesterbünde und Priestergrade der Turanier erinnern. Die Weisheit der Druiden geht freilich nicht so tief, dass sie nicht aus ursprünglicher Tradition oder aus indogermanischem Gemeinbesitz sich hätte entwickeln lassen, sogar die dunkle Lehre von einem, und zwar unsichtbar zu verehrenden Gott und von der Ewigkeit der Seele. Aber wahrscheinlicher klingt es doch, wenn die Alten hinweisen auf Pythagoras und die Pythagoreer, deren Einflüsse vom Süden, von Marseille aus eindringen mochten, umso mehr als ihr Alphabet, ihre Bildnerei und einzelne Sagen an Griechenland erinnern. Ausdrücklich sagt Valerius: *„Ich würde sie für unsinnig halten, wenn diese Hosenträger nicht das Gleiche geahnt hätten wie der Mantelträger Pythagoras".* Umgekehrt nannten die Alten Pythagoras den hyperboreischen, den nordischen Apollo.

Lehre

An die Pythagoreer erinnert ihre Lehre von der Reinigung der Seele und von der Seelenwanderung. Die Seele gelangt nach ihrer Lehre nur gereinigt durch die Prüfungen dreier Kreise, nachdem sie das Wasser der Angst und das Tal des Blutes durchwandert, zu den Freuden des Himmels. Mehr an Heraklit erinnert die Lehre von der Unvergänglichkeit der Welt durch alle, auch die tiefgreifendsten, Wandlungen hindurch. Als Symbol dieser unvergänglichen Fortdauer des Lebens wählten sie die Mistel, die noch auf der erstorbenen Eiche gedeiht, und die Eibe, Eburos. Letzteres Wort erscheint in vielen Völler- und Ortsnamen.

Ob nun ihre Lehren auf schon vorhandene Stimmungen und Anschauungen stießen oder nicht, jedenfalls zeigen sich die Volkssagen und Bardendichtungen ganz von ihnen durchdrungen. Mit Leichtigkeit verwandeln sich Menschen in Tiere, Mäuse, Hunde, Eber, Wölfe, Hirsche, Stiere, die Seelen der Götter in Vögel und Schlangen. Enthauptete Männer leben wieder auf, sei es durch Zauberworte, sei es durch Sieden im Kessel; blühende Gegenden verwandeln sich in Einöden und in den Einöden erheben sich Zauberschlösser.

„Euch, o Druiden, ist es allein gegeben", ruft übertreibend Lucan aus, *„die Götter zu kennen und die Kräfte des Himmels"*. So weit reichte ihr Wissen nicht; am meisten verstanden sie noch, wie es scheint, von der Naturkunde, die sie als Heilkünstler und Kalendermacher verwerteten, aber nicht ohne Aberglauben beizumischen; galten doch Kalendermacher wie Heilkünstler als halbe Zauberer bis in die Neuzeit herein. Ihr Jahr war wohl ein Mondjahr aus 12 Monden 354 Tagen bestehend, worin die Sonnenwende, die Tag- und Nachtgleiche Einschnitte machte. Gegen den Sonnenumlauf blieb nun das Mondjahr um 12 Tage zurück, die wohl den Anlass gaben zu den 12 Nächten des germanischen Altertums zwischen Weihnachten und Neujahr. Wenn der Saturn seinen Umlauf vollzog und wieder im Zeichen des Stieres stand, so war eine dreißigjährige Periode, eine Generation dahingegangen. Sonst wissen wir viel weniger als von den Germanen, wann sie das Jahr anfingen, ob Mitte November oder mit Weihnachten oder erst im März. Wahrscheinlich rechneten die Kelten wie die Germanen nach Nächten und Wintern, fingen das Jahr mit dem Winter an; eine unsichere Sage deutet auf die Wintersonnenwende, da die Sonne in das Zeichen des Steinbocks tritt, als Jahresanfang. Neben dem Winter unterschieden sie wie die Germanen als Jahreszeit nur noch den Sommer, vielleicht mit einem Einschnitt zwischen Früh- und Spätsommer. In Irland feierte das Volk den Ersten Mai, Beltene, als Sommeranfang, den ersten August, das Fest des Lug, als Sommerwende, endlich den ersten November als Totenfest mit Versammlungen und Spielen.

Unterricht

Das Wissen der Druiden darf man nicht überschätzen, es bestand zum großen Teil in Aberglauben, zum andern Teil in Schein. Auf die äußere

Form, geheimnisvolle Haltung und Redefreiheit legten sie ein großes Gewicht, wie sie auch fremde Sprachen verstanden, und boten in ihren Schulen vor allem Grammatik- und Rhetorikunterricht *„Durch viel Vorteile angelockt"*, erzählt Cäsar, *„treten viele Jünglinge, besonders aus den höheren Ständen freiwillig in den Stand der Druiden, andere von ihrer Eltern und Verwandten veranlasst, und müssen dann eine Menge Verse auswendig lernen, weshalb manche oft zwanzig Jahre in der Schule zubringen. Die Priester gestatten nämlich nicht, dass solche Dinge schriftlich verzeichnet werden, teils des Geheimnisses wegen, teils damit ihre Schüler ihr Gedächtnis stärken"*; sie schrieben überhaupt wenig gleich den Pythagoreern; doch halfen sie dem Gedächtnis durch Formeln nach, namentlich durch Triaden oder Dreizahlen für Sprüche und Lehren, wie solche schon oben angeführt wurden. Einen Teil ihrer Lehre breiteten sie aus und machten sie zum Gemeinbesitz, z. B. ihre Lehre von der Unsterblichkeit der Seele, um ihr Volk in der Todesverachtung zu stärken und sich selbst Totenopfer zu sichern. In einer Art äußerer Schule unterrichteten sie auch Jünglinge, die dem Bund nicht beitreten wollten, wenigstens in Britannien. Nicht ohne Grund wahrten die Druiden ihr Wissen als Geheimnis. Nicht als ob ihre esoterische Lehre großen Wert gehabt hätte; hinter ihrem Geheimnis steckte offenbar nicht viel; sonst hätten ihnen die Römer mit ihrem Verbot der Menschenopfer nicht beinahe den Garaus machen können. Aber das Geheimnis übt auf die Fantasie primitiver Völker eine gewaltige Macht aus und daher stehen bei solchen Völkern die Priester immer höher als die Wissenden, weil ihre Stellung so ganz auf dem Geheimnis beruht. Vornehmere Druidenfamilien passten sich den veränderten Verhältnissen an und widmeten sich dem gallisch-römischen Schulwesen. Ihren Zusammenhang mit dem alten Götterdienst beweisen Bezeichnungen wie Apollinaris, Phöbicius. Andere Druiden sanken herab zu reinen Magiern, Zauberern, Wahrsagern, wie die Druidinnen zu Zauberinnen; noch bis heute hat sich manche ihrer Zauberformeln erhalten. Ob die deutschen Truden damit zusammen hängen, ist allerdings zweifelhaft.

Naturaberglaube

In den Geruch eines Zauberers konnte im Mittelalter wie im Altertum leicht kommen, wer etwas mehr wusste und anzuwenden verstand von den Kräften der Natur, auch ohne dass er den Aberglauben zu Hilfe nahm. Freilich auf die Beihilfe des Aberglaubens verzichtete nicht leicht einer, der auf eine Wirkung absah, sei es im Ernst oder nur zum Schein. Zauberei und Aberglauben war so wesentlich mit der Naturkunde und Arzneiwissenschaft verknüpft, wie mit der Religion und Symbolik, dass auch in der gebildeten Gesellschaft Roms keine Sonderung eintrat, umso weniger unter einfachen Verhältnissen. Bei den Figuren eines Kreises, Rades, Bogens, Vierecks, Kreuzes dachte der Römer wie der Gallier an eine höhere Bedeutung und

Wirkung. Daher spielte das gallische Tau, Min, womit die Druiden vermutlich einen höheren Sinn verbanden, auch bei den Römern eine Rolle. Die Alten machten, wie ihre Sprache zeigt, keinen Unterschied zwischen Zaubermittel, Gift und Heilkraut und ein Arzt bedeutete so viel als Flüsterer, Besprecher, Beschwörer; die Ausdrücke Liaig, Lekeis, Lachenäre beweisen es.

Kultwagen von Strettweg. Archäologiemuseum des Universalmuseum Joanneum. Plattenwagen mit einer kesseltragenden Frauenfigur aus der Hallstattzeit. Die Männer mit Helmen. Schildern. Palstäben erinnern an die Figuren der Hallstattsitulen. Eine eigentümlich religiös symbolische Bedeutung haben die mannweiblichen, die geschlechtslosen Figuren, die Verbindung männlicher und weiblicher Gestalten, die zwei Hirsche und die vier Pferdeköpfe am Wagenrad.

Als vorzügliches Zaubermittel betrachteten die Druiden die Schlangen und das sogenannte Schlangenei; daher kennzeichnet auf dem Panzer des Augustus der Schlangenkopf neben dem Eber die Gallia. Wer das Schlangenei besaß, durfte, wie sie meinten, auf guten Erfolg hoffen, siegte im Streit und erwarb die Gunst der Höheren. Nach ihrer Lehre bildet sich, wenn die Schlangen sich im Sommer verwickeln, aus ihrem Schaum und Geifer ein Ei; in bildlichen Darstellungen hält die eine Schlange in ihrem Rachen das Ei, die andere bildet es vollends aus; pfeifend werfen sie es in die Luft; ehe es die Erde berührt, muss man es auf einem Mantel auffangen, möglichst schnell dann auf einem Pferd davonreiten, da die Schlangen den

Reiter verfolgen, bis ein Fluss sie aufhält. Man erkennt die Echtheit des Eies daran, dass es gegen den Lauf des Wassers schwimmt, auch wenn es in Gold eingeschachtelt ist. Nach Plinius gleicht es den Verschlingungen von Polypenarmen, und so denkt man wohl an eine Versteinerung, ein Ammonit, ein Ammonshorn. Wahrscheinlich liegt hier der Rest eines alten Schlangen- und Geschlechtskultes vor, oder es hat, wie andere meinen, die orientalische Sage vom Weltei, woraus alle Geschaffene hervorgeht, Einfluss geübt; begegnet uns doch in manchen Ländern heute noch ein Glücksei von ähnlicher Bedeutung.

Nicht mindere Bedeutung hatte in den Augen der Druiden die Mistel deren Saft so große Heilkraft, Lebenskraft besaß, wie Soma bei den Altindern. Daher hieß sie der Allheiler, das Gewächs des hohen Gipfels, des reinen Goldes. Am sechsten Tage nach dem Neumond, am Tag wo das Jahr der Druiden anfing, lud ein Freudenschrei, der von den Druiden ausging und durch das Volk sich verbreitete und noch vor Kurzem im Neujahrsruf Enguilaneuf nachklang, zum Brechen der Mistel ein. Unter die Roteiche wurden zwei weiße Stiere geführt; alles war bereit für das Opfer und das Mahl. Ein Priester, weiß gekleidet, stieg auf den Baum und schnitt mit goldener Sichel die Mistel, die auf einen weißen Mantel gelegt wurde, dann folgte Gesang, Opfer und Mahl. Groß war die Wirkung der Mistel, sie heilte, wie sie meinten, Unfruchtbarkeit bei Menschen und Tieren — ein großes Unglück in den Augen aller Völker — und schützte sogar gegen Gift.

Mit ähnlichen Zeremonien brach man den Selago, die Goldpflanze, den Sade- oder Seifenbaum. Zuerst musste man ein Opfer von Brot und Wein bringen, sich dann in Weiß kleiden, die Füße waschen und mit bloßen Füßen sich dem Baum nähern, mit der rechten durch die linke Öffnung der Tunika hindurch gestreckten Hand die Pflanze abreißen ohne Messer, wie wenn man einen Diebstahl beginge und dann die Pflanze auf ein weißes Tuch legen. Zu Heilzwecken wurde die Pflanze verbrannt und der Rauch für Augenkrankheiten gebraucht.

Nicht minder feierlich brach man den Samolus, der sich an feuchten Orten befindet. Ein Mann, der vorher gefastet, musste ihn mit der linken Hand abreißen ohne ihn anzusehen und ihn im Trog zerreiben. Der so gewonnene Saft schützte nach keltischem Glauben Stiere und Schweine vor Krankheit. Das Eisenkraut grub man nachts, wo weder Sonne noch Mond schien, beim Aufgang des Hundsgestirnes mit Eisen aus, nachdem man der Erde zur Sühne Bohnen und Honig gespendet. Wer sich mit dem Eisenkraut rieb, erhielt, wie man glaubte, alles was er wünschte. Dem Limeum, dem Tausendgüldenkraut schrieben die Kelten die Kraft zu, Krankheiten aus dem Körper zu ziehen. Diese und andere Kräuter, die Kamille, den Beifuß oder Johannisgürtel, den Baldrian, das Hundsgras, die Klette, die Donnerrebe, die Gundelrebe (Hederich), namentlich aber das Johanniskraut sammelte noch bis in die neueste Zeit der gallische Bauer um Johannis, hängte sie über die Türe, brannte sie an und reinigte mit ihrem Rauch seinen Stall.

Ob die alten Gallier schon den Rauch und Dampf, der von brennenden Pflanzen aufstieg und den sie mittels Röhren einsogen, den andere Völker als heilkräftig betrachteten, und ob sie die betäubenden und erotischen Wirkungen der menschenähnlichen Mandragora, der Alraunwurzel kannten, lässt sich nicht sicher feststellen, so sehr man es von ihnen erwarten würde.

Außer an Pflanzen knüpfte sich an Tiere der Aberglaube. Der König der Tiere, der Bär, dessen Bild sich auf gallischen und spanischen Münzen findet, hatte mehr eine feindliche, furchtbare Bedeutung als eine wohltätige, weshalb er auch als Symbol der Dämonen und Teufel noch später sich darbietet. Die Vögel waren Symbole, Zeichen göttlicher Kräfte, so der Adler, Reiher, die Fische, weshalb sie oft als Embleme dienten, ferner die Lerche Alauda, deren Figur und Namen Cäsar einer Legion in Gallien beilegte, endlich der Zaunkönig; nur ist ein Zusammenhang mit dem Druidentum nicht festzustellen.

12. Keltische Religion

Götter

Silberkessel von Gundestrup in Jütland aus der Latènezeit mit Darstellungen von Göttern und einem Opferzug. Oben im Opferzug reiten 4 behelmte Krieger nach rechts, untern schließen sich nach links gehende Fußtruppen an, am Schluss drei Trompetenbläser mit hohen Luren vor dem Mund, deren Schalltrichter oben offene Tiermäuler sind. Links an der Umbiegung des Zuges steht eine große Gestalt, die einem Menschen an der Taille und am Bein gepackt über Kopf in eine Grube hineinstößt. Die Grube ist zwar als Bottich dargestellt, aber das ist ein naives Auskunftsmittel, um ein Erdloch überhaupt zur Anschauung zu bringen. Es handelt sich aller Wahrscheinlichkeit nach um ein Importstück von der unteren Donau.
Von Nationalmuseet, CC BY-SA 3.0, https://commons.wikimedia.org/w/index.php?curid=47312885

Wie in dem ganzen Leben kreuzen sich in der Religion der Kelten die verschiedenartigsten Züge und Strömungen; ihre Religion hat etwas Unfassbares, Schwankendes und weist auf der einen Seite nach lichten Höhen, auf der andern nach dunklem Aberglauben.

Auf der einen Seite einem höchsten Gott mehr ergeben, stärker an ihm festhaltend als andere Völker, konnten sich die Kelten auf der andern Seite nicht genug tun in der Scheu und Angst vor dunklen Gewalten; ihre Hauptgötter erinnern an die Unterwelt, an den Tod, und dem Esus, wahrscheinlich ihrem höchsten Gott, brachten sie die meisten Schlachtopfer dar.

Die Idee des lichten Himmelsvaters, des Gottes schlechthin, der allen Germanen gemein ist, schimmert auch bei den Kelten durch. Als Himmelsvater leuchtete der oberste Gott in der Sonne, stürmte im Gewitter einher und wirkte als schaffende Naturkraft allbelebend, und so erscheint das Zeichen der Sonne und Fruchtbarkeit, das Radkreuz und die Eichel als sein Sinnbild. Gleich den Griechen und Römern hielten die Kelten den Eichbaum für den heiligen Baum des höchsten Gottes, unter dessen Laubdach sie weissagten, opferten und richteten, während die Germanen auch die Buche verehrten. Ob sich nun dieser Himmelsgott unter dem Dispater oder einem Merkur, der von verschiedener Seite als keltischer Hauptgott genannt wird, oder unter dem zur römischen Zeit am meisten verehrten Mars mit seinen vielen Beinamen, oder unter Esus, oder unter Taranos, Tanarus verbirgt, steht nicht fest. Das Wort Esus erinnert an das lateinische Esse, und damit an eine Wurzel, die bis nach Indien weist; wenn dieser Zusammenhang feststünde, reichte das Wort an die Bedeutung Jahwes hinan. Aber die wirkliche Bedeutung des Gottes bleibt weit dahinter zurück, sodass man beinahe glauben könnte, es sei nur ein Lokalgott der Pariser gewesen.

Der Donnergott Taranis-Jupiter von Le Châtelet de Gourzon, Dépt. Haute-Marne. CC0. Der Donnergott hält in der rechten Hand den Blitz, stützt die Linke auf das Sonnenrad. Um die rechte Schulter hängt ein Reif, an den bretzelförmige Doppelvoluten aufgereiht sind. Diese beziehen sich auf den Blitz oder sind Symbole der Fruchtbarkeit.

Zu Esus, dem die Römer bald Merkur, bald Mars vergleichen, gesellt ein alter Schriftsteller Teutates und Taranis; alle drei sind nicht scharf voneinander unterschieden. Teutates, den Volksschützer, in dessen Name Tuath, Volk, Tuta, Stadt enthalten ist, nannten die Römer ebenfalls Mars und Merkur, Taranis, Taranos oder Tanaros, der donnernde Donar scheint wie der germanische Donar oder Tor den Hammer oder Schlägel geführt zu haben, auf den vielleicht ein viel gebrauchtes Kreuzzeichen, das Tau hinweist, und als solcher bekam er wohl den Beinamen guter Hauer, Sucellus, Sucellus trägt auf dem Altar von Saarburg einen Hammer mit langem Stiel und hat die Kriegsgöttin Nantosvelta zur Begleitung.

Nahe mit dem Sucellus berührte sich der viel verehrte Silvanus, unter dem sich vielleicht Esus verbirgt, ein Wald- und Feldgott, der Genius uralter Buchen ein Wandergott wie Merkur, der den Reisenden Heimkehr durch dunkle Wälder und über hohe Gebirge gewährt. Auch er trägt den Schlägel. Der Hauer Cocidius, zugleich ein Jäger Alator, schlägt Feinde nieder und erscheint dann als Mars. Wie allen alten Völkern dünkte nur der lichte Hain, nicht aber der tiefe Wald eine freundliche Erscheinung; dieser bedeutete den Ausbund des Düsteren, Wilden, Feindlichen, die Stätte der Unholde, der Drachen. Daher tritt der Hauptgott zugleich als Todesgott als Dispater auf und in Dispater trifft Taranus und Merkur zusammen, der die Toten mit dem Hund geleitete. In der Unterwelt sahen die alten Völker zugleich die Geburtsstätte des Lebens; daher verehrten die Gallier in Dis zugleich ihren gemeinsamen Stammvater.

Den Kriegsgott Mars, den die Kelten von ihrem Merkur kaum unterschieden, schmückten alle möglichen Beinamen, die alle darauf hinauslaufen, seine Größe zu kennzeichnen.[3] Weniger vielseitig als Mars ist der ihm nahe stehende Merkur, der Gott der Wege, Cimiacinus, der Gott der Dämmerung Matutinus, der Kluge, Wissende, Visucius, den der Tagesvogel, der Hahn, begleitet. Doch tritt er uns gelegentlich auch als junger Krieger, Vassogalata entgegen; nach Gregor von Tours gab es einen ihm geweihten Tempel in der Auvergne.

An Mars und Merkur zugleich erinnert der viel verbreitete Gott Lug, dessen Spuren zahllose Ortsnamen tragen und dem die Lougiä verglichen werden können. Das Wort Lug weist zugleich hin auf das Licht und den Krieg. Lug ist ein sehr vielseitiger Gott, der in allen möglichen Rollen auftritt. Mars und Merkur sind und machen reich und an beide denkt man, wenn man einem Gott Nodons begegnet; beide heißen Smerius, klug; an beide erinnert der Merkur oder Herkules Ogmios, ein kahlköpfiger Greis, der eine Löwenhaut trägt, wie Herkules und mit der Kette seiner Goldworte Alt und Jung an sich fesselt. Unter den nicht selten verehrten Neptun verbirgt sich vielleicht ein Meergott Nudd, Nodons oder Lir, Lear.

Beherrschend tritt kein Gott hervor, ihre Gestalten schwankten zu stark, gingen in einander über. So ist Hu, der oberste Gott eines Waliser Bardengesanges, ein wahrer Proteus, der Stier der Schlacht, der Pflüger, ein Turm und eine Schlange und ein Schiffer zur Toteninsel; wenn auch gestorben, kehrt er immer wieder. Alle Götter dachte der Kelte mehr oder weniger an bestimmte Orte gebunden, so auch Silvanus, dessen gewöhnlicher Beina-

---

[3] Wie die Worte mit mogo, mar, ollo, groß z. B. Armogius, Marmogius, Mogetius, Olludius. Er ist der starke Camulus, der Held Netos, Carrus, der Fleischvertilger Cicolluis, der schön ist, wenn er tötet, Belatucadros, der Heerscharen herbeiführt, Budenicus, Dunatis. Er ist der Erste, Leherennus, der mächtige Segomon, der König und Herr, Barrex, Rigisamus; er ist der taghelle, lichte Gott Dinomogetimarus, Divanno, Leucetius, der ob seines Glanzes Gelobte, Leucimalakus. Verwandt ist Herkules Magusanus, der Große und Merkur Ogmios.

men Domesticus ist. Als der hl. Martin die Götter verjagte, machte ihm nur Merkur und einige kleine Gottheiten Schwierigkeiten. Die Dusier-, Ahnen- oder Flussgeister spukten noch lange, wie die Elben. Alle andern zogen sich geräuschlos zurück und Jupiter benahm sich sogar, wie Martin sagt, sehr dumm und roh.

Der Sonnengott hat überhaupt im Norden nicht die Bedeutung wie im Süden. Er verbirgt sich unter einem der schon genannten Götter und trägt ein Rad oder radförmig gestellte Schlägel und den Blitz. Ihm zu Ehren zündeten die Kelten und Germanen noch lange das Johannisfeuer an, warfen heilige Kräuter und in Körbe gebunden Tiere, Hunde, Katzen in die Glut und schwangen das Feuerrad, schlugen Scheiben. Als Lebensrad, Glücksrad begegnet uns das Sonnenzeichen noch später. An den Sonnengott denken wir, wenn neben Apollo ein Verjugodumnus, der Gott mit dem großen Gespann erscheint. Verwandt ist Belenus, ein Lichtgott, wie Apollo, den man später mit Mithra verband. Als Sangesgott verehrten ihn die Briten, aber unter römischen Einflüssen dehnte sich der Kultus des Apollo Belenus oder Grannus auch in Gallien aus.

Andere kaum fassbare Erscheinungen suchten die Römer mit ihren heimischen Namen sich zugänglich zu machen.[4]

Wie jeder Gau seinen Häuptling, so hatte er auch seinen Gott und genoss den Schutz eines sichtbaren und unsichtbaren Patrons. Auf die Göttervorstellung übten die sozialen Verhältnisse einen unverkennbaren Einfluss aus, wenn es auch zu weit geht, die Religion als eine Abschattung der Wirtschaftsverhältnisse zu deuten.

In der Verworrenheit der keltischen Religionsvorstellungen widerspiegelt sich die Unbestimmtheit und Unsicherheit der öffentlichen Verhältnisse ebenso wie die Unklarheit eines Volkes, das sich mehr von der Einbildung als vom Denken leiten lässt.

---

[4] So als Apollo einen Grannus Bormo, den Warmen, den Gott der Heilquellen, Maponos den Jüngern, Mogo oder Mogonus den Großen, Stannus oder Siannus, einen Quellgott, als Mars einen Malzgott Braciaca, einen Mullo, den Mauleselgott, als Merkur einen Moccus, Schweingott und Gabrus, einen Bockgott. Wie bei keinem Volk sonst übt der Ort, die Ortsverschiedenheit, einen Einfluss. Nicht nur einzelne Berge, Seen und Inseln erregten in der Brust der Kelten heilige Gefühle — man denke an die Druideninseln Sena und Jona —, sondern jeden Ort, jeden Gau, jeden Wald, jeden See schützte ein besonderer Gott, und oft lässt sich nicht erkennen, ob ein Gott nach einer Gegend oder eine Gegend nach einem Genius benannt wurde, so bei dem Waldgott Vosegus, der Quell- und Dorngöttin Devona, der Waldgöttin Abnoba, Arduina, Aventia, dem Höhengott Peninus, dem Wassergott Jupiter Bedainus, dem Heilgott Alaunus. Von einem Heilgott Juvavius oder Ivavus erhielt Salzburg-Juvavum und Evaux in Frankreich seinen Namen. Umqekehrt bestimmt die Gegend einen Mars als Camloriga, Canturix, Condatis, Jeusdrinus, Cnabetius, Lelhunnus, einen Merkurius als Cimbrianus, Cambus, Arvenorix, emen Jupiter als Arubiauus.

Göttinnen

Noch unsagbarer und unbestimmter als die Götter treten uns die Göttinnen entgegen, die durchaus nicht jene Rolle spielen, wie man nach der Frauenverehrung der Kelten vermuten möchte. Entweder erscheinen sie nur als die weibliche Abschattung eines männlichen Gottes, oder sie drängen sich zu zahlreich auf oder lassen sich von einem bestimmten Gebiet oder Gau nicht lostrennen.[5]

Herecura (Aericura), Sitzfigur, gefunden in Stuttgart-Bad Cannstatt, Württembergisches Landesmuseum.
By Florian Hoffmann - Own work, CC BY-SA 3.0, https://commons.wikimedia.org/w/index.php? curid=52034189

Am meisten ragt hervor Diana, deren Namen ursprünglich wohl Göttin überhaupt bedeutet, die weibliche Form von Div, Divpater, Himmelsvater, gleich Divona. Bald tritt sie uns entgegen als schaffende Naturkraft, der Venus verwandt, bald als Jägerin und als Führerin der Geister gleich Merkur, wie ja Erd- und Geburtsgöttin und Unterweltsgöttin sich auch sonst berührten. In ihrer Eigenschaft als Erdgöttin gleicht ihr die galatische Berecynthia, die von den Häduern neben Diana und Apollo verehrt und deren Bild auf einem Wagen unter Jauchzen um die Äcker und Weinberge geführt wurde. Nur wenig unterscheidet sich von ihr die in dem späteren Hexenwahn vorkommende Abundia, Satia, Bensocia, Bona Res, die als Seitenstück Merkurs auftretende Rosmerta (die römische Ops) und die Göttin Artio mit dem Bären, eine Obst- und Fruchtgöttin, die in der Bärenstadt Bern verehrt wurde, endlich die neben dem Silvanus vorkommende Silvana und Silvanä.

Zu ihnen gesellt sich als nahe verwandte Gestalt die Schützerin der Rosse Epona, der die Kelten als Rossezüchter, aber nicht minder auch die Römer huldigten, ferner Nantosvelta mit einer Hütte in der Hand, wohl ein Seitenstück zu Net, Netos, Nantos, dem Kriegsgott. Eine Siegesgöttin Andraste verehrten die Briten, deren Königin Baodicca sich ihr mit den Worten näherte: *„O Weib, als Weib flehe ich zu dir. Nur du, o Herrin, sei für jetzt und immer unsere Königin“*. Eine Schiffsgöttin Nehalennia mit Früchten in der

---

[5] So begegnet uns neben einem Netos eine Nantosvelta, neben Lugus die Lougiä, neben Smerius die Rosmerta, neben Merkur Alaunus die Alaunä, zur Seite des Neptun Nymphen, neben Dispater Herekura, neben Apollo Stannus die Heilgöttin Stanna, neben Sol die Minerva und Suli die Glänzende, neben Apollo-Belenus Minerva Belisama und Sulevia, die Hüterin der Herde, Lehrerin weiblicher Künste, Helferin in Krankheiten.

Göttin Epona. Köngen, Baden-Württemberg. Etwa 200 n. Chr. Von zwei Pferden flankiert, zeigt sich Epona auf einem Thron, der einen Obstkorb auf dem Schoß hält. Die keltische Göttin wurde als Schirmherrin für Fuhrleute verehrt. Sie war auch beim dem Militär beliebt. Die Darstellungen der Göttin waren vor allem in den Provinzen Gallien und Germanien vertreten. Kunst der Kelten, Historisches Museum von Bern.

Hand und einen Hund als Begleiter, begegnet uns bei batavischen Seefahrern; ist sie wahrscheinlich eine germanische Göttin. Alle Kelten teilten endlich die Verehrung der Mütter, der Matres, Matronä, Mairen, und wie jeder Ort des Schutzes eines Patrons, genoss er auch, wie es scheint, der Hut und Huld einer Matrone (1. Muttergottheit. 2. Gesetztheit und Würde ausstrahlende ältere Frau).

In großer Zahl erscheinen außer den Müttern die Suleven, Sülsen, Minerven, die Elben, Nymphen, die Silvanä, die Heilgöttinnen Alaunä, die Betrugsgöttinnen Lougiä (*Anm. d. Hrsg.:* Ursprung unseres heutigen Sprichworts „Lug und Trug"), die Geberinnen Ollogabiä. Die Iren verehrten eine dreifache Brigit, die Brigit der Dichter, der Ärzte und Schmiede. Eben ihre Mehrzahl drückte sie in ihrer Bedeutung herab, oder ihre örtliche Beschränkung.[6] Im Land der Götter jenseits des Meeres mit seinen hundertfünfzig Inseln umschließe, glaubten die Kelten, ein Gebiet Tausende von Frauen und Töchter und dehnen sich prächtige Ebenen übersät mit duftenden Blumen. Mit Gottheiten aller Art bevölkerte die Volksfantasie das weite Reich der Natur, mit Feen und Elfen, mit Riesen und Zwergen. Klein und zart, nicht höher als ein Reiterstiefel oder ein Daumen, aber von wunderbarer Schönheit, hausten die Feen in Wald und Feld unter der Erde und in den Lüften, mit Vorliebe aber um die alten Steintische und Felssteine, die Feenrocken und Feenspindel hießen, in Feengrotten und an Quellen und erfreuten sich an entzückenden Tänzen und Zaubermusik. Wehe dem, der sich ihren Anträgen auch aus den sittlichsten Gründen entzog. Nur nachts lebten sie und zeigten ihre Schönheit, des Tages erschienen sie als hässlich; ihre Haare waren grau, ihre Augen rot, ihre Wangen faltig; die alten Feen sahen runzelig und verwittert aus, voll Seegras und Meerschnecken, alt wie die Wege und weiß wie der Schnee. So ging die Gestalt der wohltätigen Elfen leicht in die der Hexen über. Mit Göttinnen, Elfen und Menschentöchtern verbanden sich die Götter gerne in Liebe und erzeugten Riesen und Helden, die sich ihrer Herkunft rühmen. Eine volkstümliche Gestalt dieser Art ist Morgan, der Sohn des Meeres.[7]

So kann es geschehen, dass einer zwei Väter hat, einen Gott und einen Menschen, z. B. der Held Cuchulainn, der Sohn Lugs, dessen Reize selbst Göttinnen anziehen; denn auch umgekehrt drängen sich Göttinnen den Menschen auf, so die irische Kriegsgöttin Badb oder Morrigu dem eben genannten Helden, der sie aber abweist. Umsonst sucht sie sich an ihm zu rächen, indem sie sich in eine Nadel, in eine Kuh, in eine Wölfin verwandelt und ihn im Kampf belästigt; nicht der Held unterliegt, sondern sie empfängt Wunden, die sie zur Schmach noch von ihm heilen lassen muss. Mehr Eindruck macht auf ihn eine andere Göttin, fand und fesselt ihn, aber nur kurze Zeit, da ihm der Schmerz seiner rechtmäßigen Gattin bald Reue einflößt.

Bilder und Sinnbilder

In der Berührung mit den Römern und anderen Völkern, mit Griechen und Orientalen nahmen die Kelten willig neue Formen und Symbole auf. Obwohl die Kelten selbst gerne mit Zahlen spielten und in ihnen bedeutsame Beziehungen entdeckten, erinnern doch die Zwei-, Drei-, Viergötter

---

[6] Wie die Dea Cana, Vercanos, die Heilquellgöttin Segeta, Stanna. Das Gleiche gilt von der Dea Moguntia, Athubodua (Schlachtkrähe), von den Matronä Gavadiä, Ollototä, Octocanä (acht Hütten), Rateihä, Romanehä, Veteranehä, Vatviä.

[7] In römischen Inschriften treten uns entgegen Esussöhne, Teutatessöhne, ein Esugenus, Esunertus, Totatigenus, Camulo- genus, Dubrogenus, Devogenus, Renogenus, Vernogenus, Boduogenus.

Der Gott Cernunnos. An den beiden Hörnern sind Ringe (Sonnenräder) aufgehängt. Darstellung auf dem Pilier des Nautes.

stark an den Orient, ebenso die dreiköpfigen Götter, Götter mit untergeschlagenen Beinen und mit Hörnern, wie der rätselhafte Jupiter (Bacchus) Cernunnos, dessen Hand einen Schlauch drückt und dessen Hals eine Kette umgibt, wohl ein Gott der Fülle. Unter dem über Giganten reitenden Jupiter römischer Bildwerke, die sich in Gallien und Germanien fanden, einer kriegerischen Gestalt mit Panzer und Kriegsmantel, verbirgt sich vielleicht der keltische Taranus. Herkules oder Merkur Ogmios nahm Züge von Melkart an: Ein Greis mit Kahlkopf, die wenigen Haare, die er hat, ganz weiß, die Gestalt ganz ausgemergelt und gefurcht wie bei einem alten Seefahrer, sodass man ihn für Charon halten konnte, trägt er eine Löwenhaut und hält in der rechten Hand die Keule und in der linken Köcher und Bogen und fesselt an Gold- und Bernsteinketten eine Menge Menschen, von denen keiner widerstrebt und die feinen Kettchen bricht. Denn sie wünschen nicht einmal befreit zu sein, folgen ihm freudig und munter, wie um die Wette. Da beide Hände des Gottes schon beansprucht waren, hat, wie Lukian berichtet, der Bildner die Kette von der Zunge ausgehen und zum Ohr zurücklaufen lassen und deutete damit zugleich die Redegewalt Merkurs an. Einer Erdgöttin, Göttin der Fruchtbarkeit, deren Bild sich zu Compiègne fand, sitzen Vögel auf der Brust und saugen ihre Milch. Wenigstens in der Form verrät diese Darstellung fremde Einflüsse.

Nach verschiedenen Richtungen weisen die allerdings geringen Spuren eines Baum- und Tierdienstes, so der schon genannte Buchengott Fagus, der Sechsbaum, Sexarbor, der Stiergott Tarvus, an den namentlich der Völkername der Taurisker außer dem Beinamen Donnotaurus sowie der Ortsname Tarvis erinnert. Sicher huldigten dem Stierdienst die Keltiberer, wie die vielen erhaltenen Grenzmale, bestehend in steinernen Stierfiguren beweisen, ganz abgesehen von den von jeher in Spanien heimischen Stierkämpfern. Auf gallischen Bildwerken erscheint der Stier mit drei Hörnern und mit drei Kranichen, ferner die gehörnte Schlange. Über einem Stier mit drei Hörnern leisteten die Kimbern ihre Eide; auf einem vierseitigen Altar schließt sich an Esus, der einen Baum umhaut, der Kranichstier an, der Tarvos Trigaranos und auf einem andern Altar haut ein Gott einen Baum um, auf dem drei

Kraniche sitzen; nur lässt sich nicht erkennen, welche Beziehungen hier obwalten, ob es sich um eine weltfeindliche Macht, den Weltenbaum handelt, ob der Gleichklang Trikeras Dreihorn, Trikarenos Dreikopf mit Trigaranos drei Kraniche zu einer solchen Zusammenstellung führte. Im Griechischen bedeutet Geranos Kranich und zugleich Storch, beide wurden in gleicher Weise als Weisheitsvögel verehrt. Nach der irischen Sage helfen drei Kraniche dem kriegerregenden Stier Donn — in Gallien unter dem Eigennamen Donnotaurus bekannt — und bekämpft diesen Stier der Held Cuchulainn d. h. der Gott mit falschem Bart oder der Hund von Culann. Die feindliche Göttin Morrigu verwandelte sich in einen Raben und droht sich dem Cuchulainn in der Gestalt einer Schlange in einer Furt an das Bein zu heften, ihn in der Gestalt einer Wölfin zu verschlingen und seinem Gegner in der Gestalt einer Kuh zu helfen. Wenn ein Gott Smertullos (mit falschen Bart) die Schlange auf einem keltischen Bildwerk mit der Keule bekämpft, so kann wohl diese Sage zur Erklärung beigezogen werden.

Wie andere Völker erblickten die Kelten in Tieren und Bäumen Sinnbilder, ja Äußerungen, Verkörperungen göttlicher Kräfte, Darstellungen der Ahnengeister, Totems, und ihr heißestes Sehnen richtete sich darauf, die Sprache der Tiere zu verstehen. Je nach ihrer Schätzung vermieden sie den Genuss dieses oder jenes Tieres, so die Briten den des Hasen, der Henne und Gans. Außer den Kranichen tritt uns als heiliger Vogel besonders der Rabe Branos, Lug oder Lugossi sodann der Bär, bekannt durch die Bärengöttin Artio, der König der Tiere nach der germanischen Sage, ferner der Eber, den römische Bilder geradezu als Sinnbild der Kelten vorführen, endlich der Fuchs entgegen. Demgemäß tragen auch die Eigennamen vielfach Tiernamen in sich, z. B. Matu, dessen Bedeutung nicht ganz klar ist.[8] Pferde und Hunde, namentlich aber Widder und Schlangen, hatten in den Augen der Kelten und vieler anderer Völker einen eigentümlichen Zusammenhang mit der Unterwelt, letztere zugleich als Symbole der Fruchtbarkeit; denn im Kreislauf des Lebens schließt sich die Geburt an den Tod, beide entspringen dunklen Mächten. Schlangen und Drachen haben die Kelten im Unterschied zu anderen Völkern nicht immer als Heil bringende Wesen betrachtet; denn sie entlehnten wie die Germanen den Namen Drachen den Römern.

Die Götterwelt widerspiegelt das Menschenleben in nur wenig verklärter Gestalt. Wie die Menschen sich hassen und lieben, so tun es die Götter, die Götter kommen und gehen, in blutiger Fehde fallen ihrer Hunderte; vermögen doch Menschen die Götter zu überwinden. Umgekehrt überwinden die Götter die Menschen und führen sie gefangen fort; mitten aus ihrer Tätig-

---

[8] So Matuus, Matuccius, und begegnet uns ein Bären- und Stiersohn Artigenos, Urogmos, ein Eber- oder Fuchs- und Hundsohn Matugenos, Cunogenos, ein Rabensohn Branogenos, ein Fuchssohn Lovernios, ein Eichen- und Erlensohn Vidugenos, Vernogenos, endlich viele Namen, die auf Pferde hinweisen, Epomarkus, Cunomarkus, Markarius u. andere.

keit reißen sie Kinder, Jünglinge und Männer heraus. Das Totenreich nimmt die Helden auf und schickt sie wieder aus.

Ein schon ursprünglich angelegter Dualismus entwickelte sich unter dem Einfluss fremder Ideen weiter und der Kampf guter und böser Geister beschäftigte die Fantasie; ein Kampf, der den Hauptgegenstand der irischen Sage bildet. So bekämpfte nach einer alten an die Geschichte vom Riesen Goliat erinnernde Sage Lug den Riesen Balar, der seine Augenbrauen nur mithilfe von vier Menschen erheben konnte. Wenn er seine Augen erhob, schleuderte er tödliche Blitzblicke. Ehe seine Begleiter ihm bei der Augenöffnung beigestanden, gelang es nun Lug seine Schleuder zu werfen. Damit war der Sieg der guten Götter entschieden. Wie Zeus die Titanen, bekämpft der König Nodons, Nuadu, die Firbolgs und Fomore, verliert in der Schlacht seine Faust und ersetzt sie durch eine Silberhand. Im alten Gallien erinnern keine Spuren an solche Kämpfe; doch erscheinen wenigstens in späterer Zeit die Dusier und Bacucier als böse Dämonen, als Unzuchts- und Hochmutsteufel. Unter dem Einfluss des Christentums nahmen die bösen Geister noch schrecklichere Gestalt an, erscheinen einäugig, lahm und bucklig; rot und giftig ist ihr Gewand und Gift tragen sie an Händen, Füßen und an ihren Waffen.

Götterdienst

Mit dem Jenseits setzten, wie die Kelten felsenfest glaubten, Träume, Vorzeichen, Gottesurteile und Opfer in Verbindung, sodass sie im Vogelflug, in den Zuckungen und in dem rinnenden Blut der Opfertiere und Opfermenschen, vielleicht auch wie Perser und Germanen im Wiehern der Pferde den Willen der Götter ergründeten; ja sogar den Lauf des Hasen missachteten sie nicht. An den Brandgräbern der Helden ließen sie sich zum Schlafen nieder, um in Träumen Aufklärung zu erhalten, befragten das Los mittelst gezeichneter Stäbchen und nach der Sage mittelst verschiedenfarbiger Steine in einem Eimer. Die Sage berichtet von verschiedenen Ordalien, wovon schon oben die Rede war. Endlich holten sie sich bei Druiden, bei Zauberern und Zauberinnen Rat, wie solche auf der Insel Sena hausten, die Wind und Wellen geboten und sich in alle möglichen Gestalten verkleidet haben sollen. Ohne Zweifel lernten sie hierin viel von den benachbarten Rätern und Etruskern, die ja auch die Lehrmeister der Römer in der Zauberei und im gottesdienstlichen Spiel waren.

Den Götterwillen zu zwingen, beteten und opferten die Kelten wie andere Völker zu ihren Göttern. Beim Gebet schauten sie nach Osten und drehten sich nach dem Westen links um, während die Römer, die nach dem Norden sahen, sich rechts um nach dem Osten drehten, womit zusammenhängt, dass die Römer die von links kommenden Vorzeichen, andere Indogermanen aber die von rechts kommenden für Glück verheißend hielten und jene die linke, diese die rechte Seite für ehrenvoller hielten. Die galatischen Taskodrugiten legten beim Beten den rechten Zeigefinger an die Nase.

Als Opfergaben spendeten sie die köstlichsten Gaben, alles, was das Herz begehrt, Speise und Trank, Fleisch und Frucht, Honigmet und Bier, Tiere und Menschen, Gold und Silber. An heiligen Orten, wozu vor allem Haine dienten — Hain und Tempel bedeutete das gleiche Wort Nemetum — standen Tische, Opfersteine, Altäre die von Blut troffen, goldene Standarten und Schatzhäuser, die von Gold und Silber überflossen; selbst in die heiligen Flüsse und Seen warfen sie zur Versöhnung der Wassergeister nicht nur Nadeln und Keile, die Sinnbilder des Blitzes, Hufeisen und Ringe, Kleider und Lebensmittel, sondern viel edles Metall ohne Zagen.

Kostbare Tempel erhoben sich auf Höhen zu Ehren der Götter, so auf dem Puy de Dome ein mächtiger Tempel, dessen Wände und Boden Marmor, dessen Dach Blei deckte.

Als vornehmstes Opfer weihten sie ihren Göttern Menschen, besonders ihren Hauptgöttern und Kriegsgöttern Esus, Teutates, Taranos und den Unheilgöttern. Wer an schwerer Krankheit leidet, wer sich im Krieg oder in Gefahr befindet, sagt Cäsar, opfert statt der Tiere Menschen oder macht doch wenigstens ein Gelübde von Menschenopfern zu deren Darbringung sie sich der Druiden bedienen als Vermittler. Es wird nämlich geglaubt, für ein Menschenleben müsse wieder ein Menschenleben dargebracht werden, anders lasse sich die Gottheit nicht besänftigen. Daher mussten in Pestzeiten viele Menschen ihr Leben verbluten. Ebenso bereiteten wichtige Unternehmungen kostbare Opfer vor; bei Stadtgründungen, bei Hausbauten, Schiffsbauten mussten Men-

Esus war ein keltischer Gott des Handels und der Wege, selten auch als Kriegsgott gesehen, der von den Galliern verehrt wurde. Hier fällt er einen Baum. Thermes de Cluny, Pilier des Nautes.

schenleichen den guten Grund legen. Bei dem Kirchenbau zu Jona bot sich nach der Sage dem heiligen Columba freiwillig Odran zum Grundsteinopfer an und Columba gewährte ihm seinen Willen.

Zum Opfer, sagt Diodor, weihen sie einen Menschen, indem sie ihm das Messer in die Brust über dem Zwerchfell stoßen, wenn nun der Verwundete niedersinkt, so nehmen sie aus der Art des Fallens, aus den Zuckungen der Glieder und aus dem Laufe des Blutes das Zukünftige wahr. Große Götterbilder aus Weidengeflecht füllten sie mit lebendigen Menschen gleich dem phönizischen Moloch, zündeten sie dann an oder sie banden die Todesopfer in Tempeln an Pfähle, schossen sie mir Pfeilen und Wurfspießen tot, hingen sie an Bäumen auf, erstickten sie in Fässern, warfen sie ins Wasser den Wassergöttern zum Opfer, so auch Pferde. Nächst den Gefangenen, glaubten die Kelten, wie Cäsar sagt, seien den Göttern besonders erwünscht Verbrecher, die sich eines Diebstahls, Straßenraubes oder sonst eines Frevels schuldig gemacht; mangeln aber solche Verbrecher, so schreite man Töten von Unschuldigen. Oft fünf Jahre lang mussten die zum Tod verurteilten in Gefängnissen schmachten, bis sie der Tod erlöste. Auf einer Insel an der Mündung der Loire dienten Weiber dem Bacchus: Jedes Jahr einmal trugen sie das Tempeldach ab, deckten es nachts neu auf und zerrissen die Frau, die hierbei etwas verlor, und trugen ihre Fleischteile unter Evoegeschrei um den Tempel. Wenn Pest einfiel, bot sich in Marseille freiwillig ein Armer zum Opfer an, ließ sich ein Jahr lang mästen, dann am Ende des Jahres mit heiligen Kleidern und Kerzen durch die Stadt führen und ins Meer versenken.

Das Fleisch der Opfertiere galt, da es mit den Göttern in Berührung geraten, als zauberkräftig, und noch mehr das Menschenfleisch. Daher schritten die Kelten von der Anthropothusie zur Anthropophagie, zum Kannibalismus fort. Obwohl die Römer keinen Grund harten, angesichts ihrer Fechterspiele aus die keltische Menschenschlächterei stolz herabzusehen, wussten sie deren Grausamkeit und Rohheit nicht grell genug zu schildern. *„Siehe da stand ein Wald"*, schreibt Lucan, *„seit unvordenklichen Zeiten nie vom Beile verletzt; mit dicht verschlungenen Ästen wehrt er in schattiger Kühle dem Strahl der Sonne, behütend heilige Nacht. Hier herrschte ein barbarischer Kult mit grausam dampfendem Altar. Jeglicher Baum troff von menschlichem Blut unheimlichen Göttern geweiht. Ja, es mieden die Vögel sogar auf seinem Gezweige zu sitzen, mied es das Wild zu lagern im Hain, traurig starrten geformt aus umgehauenen Stämmen ohne Kunst und Gestalt die Bilder der finsteren Götter. Schauder erregt die Verlassenheit, der vermorschenden Klötze bleichere Färbung, und größere Furcht verbreitet der Gottheit ungewohnte Gestalt; denn fremde Götter erzeugen durch das Geheimnis heilige Scheu; auch meldet die Sage, es ringelten Drachen sich um die Stämme und flogen umher. Die Leute vermieden es hier in der Nähe den Boden zu bauen, den Ort des Entsetzens überlassend der göttlichen Macht."*

Solche Kultstätten mochten einen Römer ähnlich anmuten, wie einen heutigen Forscher oder Missionar die grässlichen Opferstätten der Wilden mit ihren Schädeln und Knochen. Aber hier wie dort muss man bedenken, dass primitive Völker mit großer Kaltblütigkeit den Schmerzen und dem Tode entgegensehen. Ohne Bedenken und Furcht ließen sich die Kelten selbst abschlachten im Glauben, dass gewaltsamer Tod der Seele zu höherem Dasein verhelfe, und jedenfalls fest überzeugt von einem Jenseits, das so klar vor ihrer Seele stand wie das Diesseits. Der Tod war den Kelten, wie ein Alter sagt, nur eine Unterscheidungslinie inmitten eines langen Lebens, keine Grenzlinie *(ultima linea rerum)*. Kein Hades schreckte sie ab.

Totenkult

Im Frohgefühl dieser freien Lebensanschauung widmete ein Teil der Kelten den Leichen als vergänglichen Gefäßen des Geistes keine besondere Sorgfalt, verbrannte die Leichen, oder gab sie den Vögeln des Himmels preis, wie die Perser. Von den Raben, Adlern und Hunden auf dem Schlachtfeld gefressen zu werden, hielt man allgemein für den ehrenvollsten Tod. Aber viele hielten, von der Anschauung aus, dass das jenseitige Leben eine Fortsetzung des diesseitigen sei, die leibliche Form für ein wesentliches, unentbehrliches Mittel dieses Fortlebens und statteten die Toten wohl aus mit Schätzen und Schmuck, mit Frauen, Dienern und Haustieren, besonders mit Hunden, die sie auch in die Schlacht und auf die Meerfahrt mitnahmen. Gläubiger legten Schuldscheine, Schuldner ihre Zahlungen, die Bekannten Briefe an ihre jenseitigen Freunde ins Grab noch vor nicht langer Zeit bedeckten die Iren die Augen ihrer Toten mit Pfennigen. Mancher gab sich selbst den Tod, um mit einem mächtigen Mann jenseits zu leben. Zu Marseille gewährte der Senat jedem Gift, der nicht mehr leben wollte. Die Sitte verbot jede Totentrauer. Als in Griechenland einmal die Gallier vor einer mörderischen Schlacht standen und aus Götterzeichen zu erkennen glaubten, dass sie als Opfer des himmlischen Zornes fallen müssten, schlachteten sie vorher ihre Frauen und Kinder, um ihrer Gesellschaft im Jenseits nicht zu entbehren, ebenso die Briten, die Agricola besiegte. Durch Testamente zwangen die Kelten ihre Frauen und Kinder, sich über ihren Leichen zu Tod zu fechten und den Teilnehmern das Vergnügen eines Zweikampfes zu gewähren. Nachdem die Sitten diese Pflicht gemildert, musste die Frau wenigstens sich die Haare raufen, sich zerfleischen, wie auch sonst an Stelle der Menschenopfer Verwundungen traten. Den Todesgöttern und Geistern mussten die Unterweltstiere genügen, Hunde und Schafböcke; eben deshalb erhielt das Herdgestell die Gestalt des Feuerbockes. In der Erwartung eines künftigen Lebens widmeten die Kelten auch der Bestattung oft eine Sorgfalt, wie man sie etwa bei den Ägyptern erwartet.

In englischen Gräbern lagen die Leichen in Lehm, Ton, Kalk, Gips gebettet; ja selbst im Sarg umgaben den Leichnam solche Stoffe, damit die Form desselben erhalten bliebe. Wenn sich wenig Gräberschätze erhielten, so lag nach der Andeutung eines Römers die Ursache darin, dass sich die Druiden derselben bemächtigten.

Am Rande ihres Gesichtskreises suchen einzelne Völker den Eingang zum Jenseits. Je weiter aber der Gesichtskreis sich ausdehnte, desto weiter rückte dieser Eingang meist ab und so beschäftigten ihre Fantasie unwirtliche Gegenden. Ein Teil der Kelten hielt das westliche Britannien, das Land der schwarzen Männer, der unverwüstlichen Gestalten, andere die fabelhafte Atlantis für die Toteninsel. Dort im Westen höre man, berichtet Claudian noch im vierten Jahrhundert, immer die Klagen und Seufzer der Schatten, die mit leichtem Schlage dahinfliegen, und der Ackersmann sehe die bleichen Schatten vorbeiziehen, die die Züge des Todes tragen. Wenn das Lebenslicht eines großen Mannes erlösche, glaubte man, errege sein Geist, der zuvor wohltätig gestrahlt hatte, Stürme, Erdbeben und Pest. Die Küstenbewohner Frankreichs sind nach Prokops märchenhafter Erzählung von jeher mit der Last betraut, die Toten nach Britannien hinüberzuführen. Mitten in der Nacht klopft der Geist, der Totenführer, an ihrer Türe und ruft sie mit tiefer Stimme; sogleich erheben sie sich; ein geheimnisvoller Zug zieht sie an's Ufer, wo sie fremde Nachen finden, die leer scheinen. Aber sobald sie zu rudern anfangen, merken sie, dass die Nachen beladen sind, da sie bis am Rand im Wasser laufen. Nach einer Stunde sind sie bei der Insel, die sie sonst nur nach einem Tag und einer Nacht erreichen. Unsichtbar landen die Toten; eine Stimme ruft sie bei dem Namen, dem Namen des Vaters oder des Mannes. Dann kehren die Schiffer wieder zurück. Über den kimbrischen Schlachtfeldern erhoben sich streitende Geisterheere und erfüllten die Luft mit ihrem Getöse, mit Waffengeklirr und Hörnerschall. Noch in christlicher Zeit wollen die Bewohner der bretonischen Küste in der Luft das Knarren der Totenwagen gehört haben. Am Allerseelentag, berichtet die Sage, sammeln sich die Toten mit Wehklagen zur Tingstätte, da ließ man nachts das Feuer nicht ausgehen und stellte ein Mahl zurecht, damit sich die Gespenster erwärmen und laben. Zur Erinnerung an die alte Sitte versammelt sich noch heute an diesem Tag der Waliser Druidenverein und zündet das Notfeuer an.

13. Charakter der Kelten

Dem Tod schauten die Kelten, wie alle alten Völker, ruhig ins Auge, aber mit ihrer Todesverachtung trieben sie förmlich einen Prunk, angetrieben durch ihre Eitelkeit und Ruhmgier, ihre hervorstechendsten Eigenschaften. Tollkühner Mut, wilde Kampfgier riss sie zu den unvorsichtigsten Handlungen hin und reizte sie unaufhörlich zu Zweikämpfen, drängte sie selbst, den Elementen zu trotzen und gegen Wogen, Überschwemmungen zu kämpfen; Erdbeben schienen ihnen Freude zu machen. Und doch wichen sie wieder feig vor der hohen See zurück, wankelmütig wie sie waren. Nichts, sagte ein König, fürchten sie als den Einfall des Himmels.

In ihrem Leichtsinn gingen sie so weit, dass sie das Schauspiel gaben, sich für Geld oder für eine Anzahl von Krügen Wein, welche sie unter ihren nächsten Angehörigen austeilten, die Kehle abschneiden zu lassen. Kaltblütig legten sie sich dann vor den Augen der Menge rücklings auf ihren Schild, um festen Auges den Todesstreich zu erwarten, bis jemand hinzutrat und ihnen das Haupt abschlug; offenbar gestärkt durch die von Priestern und Sängern genährte Hoffnung, dass das Haupt sich wieder den Gliedern anfüge. Schon vor ihrer Unterwerfung durch die Römer traten die Gallier in Rom als Fechter und Künstler auf und ließen sich, in Buden sehen. Daher trugen Buden- und Wirtshausschilde das Bild eines gallischen Prahlhanses. Als Scipio in Spanien Festspiele veranstaltete, machte es ihm hier viel weniger Mühe, als zu Hause Fechter zu finden. Unter anderen boten sich zwei Vettern, die um den Vorrang der Stadt stritten, freiwillig an, obwohl ihnen Scipio riet, den Streit friedlich auszumachen. Scipio selbst hatte als junger Militärtribun einen prahlerischen König im Zweikampf besiegt; trotz der Niederlage ihres Vorahnen blickten die spanischen Nachkommen stolz auf diese Tat und verewigten sie auf ihren Familiensiegeln.

Es war keine auf Zucht und Selbstüberwindung begründete Tapferkeit, sondern die Ruhmgier, die Sucht, sich auszuzeichnen, sich sehen zu lassen, die sie zu waghalsigen Streichen antrieb. Daher hielten sie eine ruhmredige Zunge so hoch, wie eine kräftige Hand, und daher konnten sie die Sänger, die Barden nicht entbehren, die ihre Taten verkündigten. Sich selbst herauszustreichen und den Gegner zu schmähen, gehörte notwendig zum Einzel- wie zum Massenkampf. Über den Feind lachten und höhnten sie: Sie streckten die Zunge heraus, machten verächtliche Sprünge oder erbrachen sich in einem Wust von Schimpfwörtern. Ihren Herausforderungen, sagt ein Alter, war ein tragischer Schwung eigen. Vor dem Kampf sagte wohl ein großsprecherischer König, das römische Heer reiche kaum zu einem Frühstücke für seine Hunde.

85

Besiegte schonten sie nicht, gemäß ihrem Grundsatz *vae victis*, wehe den Besiegten. Gefallenen Gegnern hieben sie die Köpfe ab, die die Fußsoldaten an die Lanze steckten, die Reiter an den Sattel oder die Mähne des Rosses banden oder zu Hause als Türschmuck, Zaunschmuck verwendeten. Die Köpfe vornehmer Gefallener salbten sie ein, überzogen sie mit Zedernöl, d. h. wahrscheinlich Wachholderöl, bewahrten sie sorgfältig auf zum Schaugepränge für Fremde und hielten sie für wertvoller als das gleiche Gewicht an Gold. Gefangene mussten an der Leiche der Sieger oder bei ihren religiösen Festen in großer Zahl bluten oder das Joch der Knechtschaft auf sich nehmen. Umgekehrt wussten sie ihre gefallenen Helden nicht genug zu rühmen und zu besingen.

Gegen ihre Ruhmredigkeit, ihren Anprall, ihre Wut stach eigentümlich ab ihre Feigheit und Schwäche, wenn sie auf einen nachhaltigen Widerstand stießen. Hitze und Unbilden, Krankheit und Not konnten sie weniger aushalten, als die Germanen; da schmolzen sie wie Wachs, oder nach dem Ausdruck eines Alten, gleich dem Schnee ihrer Alpen dahin und ließen sich wie Lämmer zusammenhauen. Sie jauchzen im Kampf und heulen bei Krankheiten, sagt Cicero. Doch berichten auch wieder die alten Schriftsteller, sie haben umso eher Kälte und Nässe ertragen und mit ihren gestählten Gliedern allen Gefahren getrotzt. Kleine Wunden rissen sie noch weiter auf, sie freuten sich am rinnenden Blut und nur, wenn eine Kleinigkeit sie tötete oder hemmte, jammerten sie vor Verzweiflung.

Jedenfalls zeichnet ihren Charakter keine Gleichförmigkeit aus: Bald waghalsig, bald feig, bald düster und grüblerisch, dann wieder heiter und ausgelassen, bald grausam und schrecklich, oder liebenswürdig, mild, gastfreundlich; bald ausschweifend und unmäßig, dann wieder keusch und nüchtern; bald gemein, raubgierig, habsüchtig, falsch, bald voll Edelsinn und Aufopferungsfähigkeit, treten sie uns entgegen. Sie konnten weder die Freiheit, noch die Knechtschaft ertragen und haben ihre Frauen und Götter, ihre Ideale bald hocherhoben, bald verachtet. Ihr Wesen könnte man als willenschwache Nervosität kennzeichnen, wenn man es nicht mit einem noch einfachen Volke zu tun hätte. Wildheit und Feinheit, Stumpfsinn und Begeisterung, Sinn und Unsinn, Verstand und Gemüt ergab eine wunderbare Mischung. Diese Widersprüche erklären sich zum Teil allerdings daraus, dass die Schriftsteller verschiedene Abteilungen des Volkes vor Augen stellen und dann verallgemeinern. Zwischen den Bretonen, Leuten ohne Furcht und Erbarmen, ohne Gesetz und Gott, zwischen den Südgalliern, halben Hellenen und den Keltiberern mit ihrer punischen Grausamkeit und Wollust bestehen große Unterschiede. Zum Teil aber erklärt sich das Widerspruchvolle ihres Wesens durch die Mischung verschiedener Völker, die sich auf keltischem Boden vollzog, zum Teil auch durch angeborene Anlagen und Temperamente, vielleicht auch durch eine größere Kulturarbeit und raffiniertere Lebenshaltung als wir vermuten.

CHARAKTER DER KELTEN

Dass sie wandelbar waren, nach Veränderungen begierig, nach Neuigkeiten haschend, ohne Ausdauer im Unglück, wiederholen die Alten immer wieder. Ungeheuer leichtgläubig, meint Cäsar, lassen sie sich leicht täuschen. Nicht vom Verstand lassen sie sich leiten, meinte ein anderer, sondern von ihren Trieben, Gefühlen, Aufwallungen. Daher sprechen sie ihnen sogar den Verstand ab, während wieder andere ihre leichte Fassungsgabe und ihre Beredsamkeit loben und ihnen sogar so etwas wie Esprit zuschreiben. Ihre Fantasie beflügelte ihr Denken; sie bildeten, hören wir, rasch nach, was ihnen gezeigt wurde.

Treue, Geduld, Disziplin lag nicht in ihrem Charakter; sie konnten sich nicht beherrschen, sich ordnen, unterordnen und nachhaltig einer Sache widmen, und darin waren ihnen sogar die Germanen überlegen. Weniger noch als die Germanen beugten sie sich vor ihren Göttern, weshalb ihnen die Römer Gottlosigkeit vorwarfen. Ihnen fehlte der politische Sinn, sie widerstrebten jeder Zwangsordnung, und daher misslang ihnen jede Staatsgründung, sie konnten wohl Staaten zerstören, nicht aber aufbauen. Ganz individualistisch, egoistisch suchte jeder sich selbst in den Vordergrund zu schieben, und über die Rangordnung entstanden bei ihren Zusammenkünften heftige Streitigkeiten und Zweikämpfe, besonders bei der Beute und dem Mahl, wo der Beste und Tapferste die besten Stücke erhielt, und so mischte sich das Blut mit dem Met, Bier und Wein.

Auf ihre äußere Erscheinung hielten sie sehr viel, hassten Lumpen und Schmutz und betrachteten als größtes Unglück Missform; ein hervorstehender Bauch war ihnen ein Gräuel. Sie wuschen, salbten sich fleißig und tätowierten sich wohl oder wählten wenigstens die buntesten Kleiderstoffe. Ihre Buntfarbigkeit unterschied sie von allen anderen Völkern, nicht nur von den einfachen Germanen, sondern auch von den Römern, denen ihre Vorliebe für Schmuck und Flitter auffiel.

Wie für Farben begeisterten sie sich für Töne, für schöne Reden. Die Kunst, sei es Sangeskunst, sei es Schmiedekunst hob empor, adelte, wie das Wissen und das Schwert. Junge Leute, die mündig wurden, erhielten in England wohl eine Harfe neben dem Brettspiel. In der Männerhalle hing über jedem Männerlager ein Spielbrett und eine Harfe. Mit einer Harfe, einem Spielbrett und einem Ring ehrte man des Königs Diener; Harfe, Schwert und Buch, oder Harfe, Mantel und Kessel gehörten zu den Kostbarkeiten des Hauses, die nicht gepfändet werden durften, und ein Gesanglehrer, ein Buch, ein Schmied zu den Schätzen eines jeden Dorfes. Neben der britischen Harfe Telyn, Krok oder Rotte spielten die Kelten die Zither, die Sackpfeife und Lärm machende Hörner und Posaunen. In den Ohren der Südländer klang ihre Musik nicht sehr bezaubernd und daher fällten sie über den Barbarengesang harte Urteile. Auf die alten Briten bezieht sich wohl der uralte Bericht des Hekatäus von einem Inselvolk, das sich als ein Priestervolk Apollos betrachtete. Alle 19 Jahre besuche sie Apollo, alle Tage singen sie Lieder zu seinen Ehren und tanzen an seinen Festen dazu. Einen heiligen Bezirk, einen runden Tempel haben sie ihm geweiht — man mag dabei an die Stonehenge denken. Die Tempelhut haben die „Boreaden", die Barden wie man schon erklärte.

Die Barden waren die Sänger des Volkes, ihre Geschichts- und Rechtskundigen, welche die Taten der Vorfahren meist mit Harfenklang vortrugen, wahre wandelnde Stammbäume. Nachdem Rom und das Christentum das Druidentum zurückgedrängt hatte, trat an dessen Stelle der Bardismus mit ähnlicher Ordnung, mit verschiedenen Klassen und Versammlungen.

Mit ihrer dichterischen Fantasie haben die Kelten im Mittelalter tief auf das abendländische Geistesleben eingewirkt; aber schon lange zuvor geriet die römische Literatur unter keltische Strömungen. Kelten von Geburt waren einige der hervorragendsten Dichter: Vergil, Catull und Statius Cäcilius, vielleicht auch Plautus, ferner die Schriftsteller Varro, Trogus, Livius und Nepos. Der Name des Dichters und Sehers „Vates" ist keltisch und drückt die den Kelten eigentümliche Verbindung zwischen dem Dichten und Wahrsagen aus; diese Bezeichnung hat übrigens der griechische Ausdruck *poeta* verdrängt.

Das keltische Volk lebte doch zu viel in einer mystischen Scheinwelt und die sozialen Verhältnisse mit ihren schroffen Sonderungen waren die Allerungünstigsten. Daher unterlagen sie den Römern, umso mehr, als sie gleichzeitig von den Germanen und Römern angegriffen wurden, in Gallien wie in England. Sie unterwarfen sich leicht den Römern, da ihre Sprache und Sitte sie auf die Römer hinwies, denen sie näher standen als den Germanen. Nur in entlegenen, gut geschützten Gebieten, in Irland, Wales, Bretagne retteten sich starke Reste bis heute, in Irland und Wales erhoben sie sich neuestens im bewussten Gegensatz gegen das Angelsachsentum.

Es war auch später das Unglück Irlands, dass die reinste Anarchie herrschte, die Klane sich blutig befehdeten und dabei die Normannen ins Land riefen. Ihre tausendjährige Untertänigkeit lähmte vollends die Tatkraft der Kelten und stärkte noch ihre angeborenen Neigungen. Ihre fröhliche Sorglosigkeit und ihr mystischer Drang half ihnen über viele Leiden hinweg, hinderte aber jeden Aufschwung. Wie bei andern Völkern war ihre Stärke auch ihre Schwäche.

14. Stichwortverzeichnis

STICHWORTVERZEICHNIS

90

STICHWORTVERZEICHNIS

91

Natur und Wissen

– **Der Widerhall des Urknalls:** Spuren einer allumfassenden transzendenten Realität jenseits von Raum und Zeit. Von: K.-D. Sedlacek

– **Einsteins Relativitätstheorie ganz ohne Mathematik.** Spezielle und allgemeine Relativitätstheorie. Von: Prof. Dr. Paul Kirchberger u. K.-D. Sedlacek (Hrsg.)

– **Freizeitvergnügen Sternenhimmel mit bloßem Auge:** Wie man Sternbilder auffindet ohne Instrumente. Von: Prof. Dr. Paul Kirchberger u. K.-D. Sedlacek (Hrsg.)

– **Phänomen Naturgesetze:** Das Geheimnis hinter den Erscheinungen der Welt. Von: K.-D. Sedlacek

– **Giganten der Physik.** Die Top10-Physiker der Menschheitsgeschichte. Von: Klaus-Dieter Sedlacek (Hrsg.)

– **Der Stein der Weisen:** Wie die Alchemie zur Chemie wurde. Von: Wilhelm Ostwald et. al. u. K.-D. Sedlacek (Hrsg.)

– **Der Alchemist Leonhard Thurneysser:** Die Lebensgeschichte des Goldmachers von Berlin. K.-D. Sedlacek (Hrsg.)

– **Die verborgene Ordnung des Weltsystems.** Neue Erkenntnisse über die schöpferischen Kräfte der Natur. Von: Dr. h. c. Raoul Francé u. K.-D. Sedlacek (Hrsg.)

– **Der allmächtige Informatiker.** Die Mysterien des Universums. Von: Sir James Jeans u. K.-D. Sedlacek (Hrsg.)

Bewusstsein und Leben

– **Leben nach dem Leben:** Befreiung des Bewusstseins von den Fesseln der Zeit. Von: K.-D. Sedlacek

– **Unsterbliches Bewusstsein:** Raumzeit-Phänomene, Beweise und Visionen. Von: K.-D. Sedlacek

– **Homöopathie und Praxis:** Naturheilkundliche alternative Medizin für den mündigen Patienten. Von: Dr. med. J. Voorhoeve u. K.-D. Sedlacek (Hrsg.)

– **Gestalt-Psychologie:** Einführung in die neue Psychologie vom Begründer der Gestaltpsychologie. Von: Prof. Dr. Kurt Koffka u. K.-D. Sedlacek (Hrsg.)

– **Allgemeine moderne Psychologie:** Systematische Einführung in die Wissenschaft psychischer Prozesse. Von August Messer u. K.-D. Sedlacek (Hrsg.).

– **Wie intelligent sind Pflanzen?** Sensationelle Einblicke in die geheime Seite des pflanzlichen Wesens. Von Prof. Dr. phil. Adolf Wagner u. K.-D. Sedlacek

Fantastische Welt
Romane und Erzählungen

Bd. 1: **Parallelwelt-Universum und die Suche nach der Weltformel.** Von: K.-D. Sedlacek

Bd. 2: **Marskolonie Eos: und die verschwindende Realität.** Von: K.-D. Sedlacek

Bd. 3: **Korakar: Geheimnisvolles Leben unter ewigem Eis.** Von: K.-D. Sedlacek

Bd. 4: **Die Spur des Dschingis-Khan.** Von: Hans Dominik, K.-D. Sedlacek (Hrsg.)

Bd. 5: **Atlantis: Die Rückkehr der Götter.** Von: Moriz Hoernes, K.-D. Sedlacek (Hrsg.)

Sonstige Romane

– **Prinz Otto oder Der Phönix und die Freiheit:** Roman über Intrigen und Macht, Verrat, Hinterlist und wahre Liebe - vom Autor der 'Schatzinsel' und von 'Dr. Jekyll und Mr. Hyde'. Von: Robert Louis Stevenson, K.-D. Sedlacek (Hrsg.), Vito von Eichborn (Hrsg.)

– **Herr der Welt.** Von: Jules Verne u. K.-D. Sedlacek (Hrsg.)